TIERGARTEN SCHÖNBRUNN

Mythos und Wahrheit

Dagmar Schratter (Hg.) | Oliver Lehmann

TIERGARTEN SCHÖNBRUNN

Mythos und Wahrheit

Christian Brandstätter Verlag

Inhalt

Vorwort der Herausgeberin

Der Tiergarten Schönbrunn in Wien liegt eingebettet in das barocke Ambiente des Schönbrunner Schlossparks. 1752 von Kaiser Franz I. Stephan und seiner Gemahlin Maria Theresia als herrschaftliche Menagerie gegründet, ist er der älteste noch bestehende Zoo der Welt und Teil des UNESCO Weltkulturerbes Schönbrunn. Auf einer Fläche von siebzehn Hektar wurde in perfekter Harmonie zwischen Denkmalschutz und moderner Tierhaltung ein Lebensraum für über 600 Tierarten geschaffen, der den Besuchern – unabhängig von Jahreszeit und Witterung – faszinierende Einblicke in die Tierwelt bietet. Der Tiergarten ist Naherholungsgebiet der Wiener und mit über zwei Millionen Besuchern im Jahr ein Fixpunkt für Touristen aus aller Welt. Nicht nur die Auszeichnung »Bester Zoo Europas«, die der Tiergarten 2010 zum zweiten Mal in Folge erhalten hat, sondern auch einzigartige Zuchterfolge haben ihn weit über die Grenzen Österreichs hinaus bekannt gemacht. So ist der Tiergarten Schönbrunn der erste europäische Zoo, dem es mit der Geburt von Fu Long und Fu Hu gelungen ist, die bedrohte Tierart der Großen Pandas auf natürlichem Wege zu züchten. Eine weitere zoologische Sensation war die weltweit erste Nachzucht der Nördlichen Batagur Flussschildkröte, eine der seltensten Schildkröten der Welt.

Tiere im Zoo sind Botschafter ihrer bedrohten Artgenossen im Freiland. Wer Kinder Nase an Nase, nur durch eine Glasscheibe getrennt, mit Robben, Orang-Utans oder Tigern gesehen hat, weiß, dass hier Beziehungen entstehen und Interesse geweckt wird - nicht nur an exotischen Tierarten, sondern auch an heimischen Wildtieren. Die Besucher des Tiergartens können Tiere (beinahe) hautnah und in ihrem natürlichen Verhalten erleben. Sie können, wie einst der Kaiser und seine Gäste, vom historischen Frühstückspavillon aus bei bester gastronomischer Betreuung Große Pandas, Giraffen, Flamingos und viele andere bedrohte Tierarten beobachten. Sie können sich in einem angenehmen, kultivierten Ambiente vom Alltagsstress erholen und sich zwanglos über Natur- und Artenschutz informieren.

Das Buch bietet einen Einblick in die abwechslungsreiche Geschichte des Tiergarten Schönbrunn sowie in seine vielfältigen aktuellen Aktivitäten in Hinblick auf die wichtigen Hauptaufgaben zeitgemäßer Zoos: Arten- und Naturschutz, Bildung, Forschung und Erholung.

Dagmar Schratter
Direktorin des Tiergarten Schönbrunn
und Alleingeschäftsführerin der Schönbrunner Tiergarten GmbH

Der Überblick

Vom Tiergarten des Kaisers zum Königreich der Tiere

Oben: Sibirische Tiger

Gegenüber: Der kleine Große Panda Fu Hu.

Warum der älteste Zoo der Welt der beste Zoo Europas ist

Das hier ist Wien. Deshalb liegt im Zentrum des Tiergarten Schönbrunn ein Kaffeehaus. Und zwar das Café des Kaisers: Franz I. Stephan von Lothringen ließ 1759 im westlichen Teil des Schlossparks von Schönbrunn, inmitten seiner bereits mit Tieren bestückten Menagerie, einen Frühstückspavillon errichten. Man wird es dem Vater von sechzehn Kindern und Gemahl Maria Theresias nicht verdenken können, dass er sich abseits vom barocken Prachtbau und dem strengen spanischen Hofzeremoniell ein Refugium der Ruhe einrichtete. Und wie vor einem Vierteljahrtausend zieht der Bau noch immer alle Blicke auf sich und lenkt alle Schritte in das Zentrum des siebzehn Hektar großen Geländes.

Vor einer ersten Tour lohnt sich ein Rundblick, und zwar von der Terrasse des achteckigen Gebäudes mit seinen famosen Deckengemälden, Wandvertäfelungen und Tierbildern. Zwölf Gehege und das Verwaltungsgebäude, in dem bis ins Biedermeier ebenfalls Tiere untergebracht waren, erstrecken sich als Kreissegmente vom Pavillon

Der Pavillon im Zentrum: Das Café des Kaisers.

aus. Pandas, Giraffen, Geparden, Zebras, Somalische Schwarzkopfschafe, Antilopen, Flamingos und Flusspferde sind ohne Schwierigkeiten auszumachen. Im Hintergrund erhebt sich das historische Affenhaus und in der fast exakt gegenüberliegenden Blickachse die Direktion mit dem daneben liegenden Tunnel zur ORANG.erie, dem Heim der Schönbrunner Menschenaffen. Den Hügel hinauf wuchert der Wald rund um den Tirolerhof. Dort hausen zwar nicht ganz so exotische, aber mindestens ebenso bemerkenswerte Tiere. Brillenschafe, Pinzgauer Rinder, Sulmtaler Hühner und das Montafoner Braunvieh sind im einstigen Schlossgarten der Habsburger heimisch geworden. Erwartungsfrohes Kinderkreischen weist auf die Fütterungszeit in der Polarwelt hin, wo die Robben sowie die benachbarten Pinguine mit Hilfe der Tierpfleger Tag für Tag ebenso verlässlich wie vergnügt ein regelrechtes Showprogramm abziehen. Die Kinderstimmen mischen sich mit den Trompetensignalen der Elefanten, die nach vollzogener Morgenwäsche ihr Freigelände in Beschlag nehmen.

Ein Stück weiter lässt sich von der Terrasse des Pavillons aus das Dach des Regenwaldhauses erkennen. Unter der lang gezogenen Glashaut wird der Regenwald Borneos erlebbar. Mangrovensümpfe und Terrassenfelder führen in die Baumkronen der Urwaldriesen. Bis ins kleinste Detail entspricht das Klima dieses Regenwalds mitten in der Großstadt am 48. Grad nördlicher Breite den Bedingungen nahe dem Äquator. Dafür sorgen nicht zuletzt die vierhundert Pflanzenarten und die beeindruckende Tierwelt: Wasserschildkröte, Zwergotter, Schlammspringer, mächtige Gespensterschrecken sowie prächtige Geckos. Und wer besonders mutig ist, wagt sich in die dunkle Grotte, in der einen die Fledermäuse haarscharf verfehlen, ihr Flügelschlag jedoch wie ein Windhauch über die Haut der Besucher streift. In den Baumkronen flattern Elfenblauvögel, Prachttauben, Schamadrosseln und Blaukrönchen. Gleich neben dem Regenwaldhaus steigt ein Graureiher-Paar in den Himmel, das nach einem Picknick am Pelikan-Teich hinüber zur Rhinozeros-Anlage wechselt. Den Schlussakkord setzen die Großkatzen, deren dumpfes Brüllen wohl klarzustellen versucht, wer hier das Sagen hat.

Von oben nach unten: Flusspferd, Löwe, Zebras und ein Kronenkranich.

Ein Tiergarten ist kein Museum, auch wenn der Zoo seit 1996 als Teil der Gesamtanlage von Schönbrunn zum Weltkulturerbe nach UNESCO-Richtlinien gehört. Der Tiergarten hat auch kein Eigentumsrecht an seinen Tieren – sei es, weil sie Teil eines globalen Arterhaltungsprogrammes sind und vielleicht sogar eines Tages wieder ausgewildert werden, sei es, weil sie von anderen Zoos eingestellt oder Leihgaben einer Institution oder eines Staates sind; oder sei es, weil sie einfach Teil eines Welterbes der Natur sind und somit oft nur noch im Tiergarten vor der endgültigen Ausrottung bewahrt werden können.

Begegnung der eindrucksvollen Art: Nur durch eine Glasscheibe getrennt beobachten Besucher die Tiger.

Tiergartendirektorin Dagmar Schratter erklärt, worum es geht: »Gute Zootierhaltung ist immer ein Spagat. Was vielleicht ideal für die Tiere wäre, ist es nicht unbedingt für den Besucher. Der Besucher muss die Möglichkeit haben, das Tier zu sehen, eine Beziehung aufzubauen. Umgekehrt brauchen aber die Tiere ein Rückzugsgebiet. Kein Besucher erwirbt mit dem Kauf der Eintrittskarte das Recht, zu jeder Zeit jedes Tier zu sehen. Es gibt keinen idealen Zoo. Aber es gibt Kriterien für einen guten Zoo. Ein guter Zoo ist es dann, wenn er wirtschaftlich und nachhaltig geführt ist, wenn er seine Aufgaben im Natur- und Artenschutz ernst nimmt und die Kriterien des Weltzooverbandes erfüllt. Wenn sich die Tiere, die Besucher und das Personal wohlfühlen. Ein Zoo ist immer für beide da, die Tiere und die Menschen.«

Die Fakten geben Schratter und ihren knapp zweihundert Mitarbeitern Recht. Rund 2,2 Millionen Menschen besuchen jährlich den Zoo. Damit ist der Tiergarten Schönbrunn neben dem Schloss Schönbrunn jene Attraktion des Landes, die pro Jahr von den meisten zahlenden Gästen besucht wird – was maßgeblich zu dem beständig ausgeglichenen Jahresbudget von etwa sechzehn Millionen Euro beiträgt.

Oben: Großer Panda (Fu Hu)

Unten: Halsbandpekaris

Exakt 8504 Tiere sind im Verzeichnis des Tierbestands von März 2011 aufgelistet, davon 5663 Wirbeltiere (vom Kurzkopfgleitbeutler bis zum Zagros-Molch) in 874 Arten und 2841 wirbellose Tiere (vom Pfeilschwanzkrebs bis zum Seemannsliebchen – ja, ein Nesseltier) in 145 Arten. Alle sind sie ganz genau gezählt, wo irgend möglich nach Männchen und Weibchen; nur in der Spalte mit den Roten Waldameisen steht bei der Anzahl »unbekannt«.

Und es kommen praktisch täglich neue Tiere dazu, wie der willkürlich gewählte Blick in die Geburtenstatistik zwischen Sommer 2010 und Sommer 2011 beweist. Am 23. August 2010 wird mit Fu Hu bereits der zweite in Schönbrunn gezeugte Große Panda geboren. Nach einem Monat ist der Kleine etwa so groß wie ein Meerschweinchen und bringt rund 1200 Gramm auf die Waage. In dieser Phase wird Fu Hu noch von seiner Mutter Yang Yang gewärmt, die ihn die meiste Zeit zwischen ihren vergleichsweise riesigen Pfoten hält. Alle vier Stunden kuschelt sich der kleine Pandabär an ihre Brust, trinkt kräftig und schmatzt dabei laut.

Im Oktober 2010 kommen bei den Halsbandpekaris im Abstand von mehreren Tagen dreimal Zwillinge zur Welt. Auf den ersten Blick sehen die Pekaris wie zu klein geratene heimische Wildschweine aus, tatsächlich leben diese anpassungsfähigen Tiere aber in den Savannen und Regenwäldern Mittel- und Südamerikas. Gleich nach der Geburt markieren die erwachsenen Tiere den Nachwuchs mit einem Sekret aus Drüsen, die sich unter den Augen und am Rücken befinden. Diese

Duftnote stärkt die Familienbande und hilft den Pekaris, ihre Verwandtschaft zu erkennen.

Premiere im November: Bei den Beulenkrokodilen schlüpfen drei Jungtiere – der erste Krokodilnachwuchs überhaupt in der Geschichte des Zoos. Die hellgold und schwarz gefärbten Jungtiere messen gerade einmal dreißig Zentimeter, wiegen rund achtzig Gramm und haben winzige, spitze Zähne. Auf ihrem Speiseplan stehen Insekten und Regenwürmer.

Die Vorgeschichte des Erfolgs: Seit 2008 entwickelten die Tierpfleger gemeinsam mit der Tiertrainerin ein Übungsprogramm, das nicht nur den Alltag des Krokodil-Paares Puebla und Durango bereichern, sondern auch dazu beitragen sollte, dass sich das Krokodilweibchen beim Brutgeschäft durch nichts stören lässt.

Am 6. Dezember 2010 kommt ein Zweifingerfaultier zur Welt, in Schönbrunn erst die zweite Nachzucht dieser ungewöhn-

Am 8. Oktober 2010 wird der Pferdeantilopen-Bock Rasco geboren – von Natur aus mit sehr großen Ohren. Pferdeantilopen sind nach den Elenantilopen die größten Antilopen Afrikas und verdanken ihren Namen dem pferdeähnlichen Schnauben, das sie bei Gefahr ausstoßen. Weltweit nimmt ihr Bestand durch den Verlust ihres Lebensraumes ab. Artenschutz und Arterhaltung zählt zu den wichtigsten Aufgaben des Tiergartens. Bei der Partnerwahl wird dementsprechend nichts dem Zufall überlassen, die Zucht wird international koordiniert. So wurde Rascos Mutter Emi vor zehn Jahren in Schönbrunn geboren, sein Vater Ken kam 2009 aus Dortmund nach Wien.

lichen Tierart, die ihr Leben kopfüber hängend in den Bäumen verbringt. (Das Geschlecht des Jungen – ein Männchen – ließ sich erst nach mehr als einem halben Jahr feststellen, weil, wie alles, auch das Wachstum bei Faultieren außerordentlich langsam verläuft.)

Im Januar 2011 steckt der Känguru-Nachwuchs erstmals seinen Kopf aus Mutters Beutel. Fünf Monate zuvor nach einer extrem kurzen Tragzeit von fünf Wochen geboren, krabbelte es haarlos, rosafarben und kaum entwickelt von der Geburtsöffnung in den Beutel und saugte sich dort an einer Zitze fest. Im Beutel fand dann die Entwicklung statt, die sich bei anderen Säugetieren im Mutterleib vollzieht.

Nachwuchs gibt es am 4. März auch bei den Pustertaler Sprinzen am Tirolerhof. Zur Kaiserzeit war

Oben: Zweifingerfaultier

Rechts: Parmakänguru

Zu Frühlingsbeginn sind im Tiergarten Schönbrunn jede Menge Jungtiere zu beobachten. Drei kleine Mähnenspringer – gerade einmal eine Woche alt (links) – toben trittsicher über den Geröllabhang in ihrem Gehege wie in ihrer ursprünglichen Heimat, den Felswüsten Nordafrikas. Gegenüber sind die Kormoran-Eltern damit beschäftigt, ihre laut bettelnden Küken zu füttern, die Anfang März geschlüpft sind (oben). Gierig fressen sie den hervorgewürgten Fisch aus dem Schnabel ihrer Eltern.

diese schwarz-weiß oder braun-weiß gefleckte Rinderrasse in den Wiener Molkereien besonders gefragt. Damals entstand auch die Bezeichnung »Wiener Kuh«. Nachdem die Zucht vernachlässigt wurde, zählte man in den 1980er-Jahren nur noch 77 Tiere. Im Tiergarten Schönbrunn gelang die Erhaltung dieser bedrohten heimischen Haustierrasse.

Pustertaler Sprinzen (oben) und Menewa, das Bison-Kalb, mit seiner Mutter (unten).

Exotischer und mit 25 Kilogramm ein Schwergewicht ist der Nachwuchs im Bisongehege. Menewa wird als ausgewachsener Bulle achthundert Kilogramm auf die Waage bringen. Sein Vater ist der neunzehnjährige Bulle Lakota, der 1992 im Alter von einem halben Jahr als Geschenk der Lakota-Indianer South Dakotas an den Tiergarten übergeben wurde. Die Ankunft von Lakota war für die internationale Zucht in Menschenobhut wichtig, da durch ihn für eine genetische Auffrischung gesorgt wurde. Seine rund vierzig Nachkommen sind mittlerweile über ganz Europa verteilt.

Im Mai gibt es Zuwachs bei den Rosa Flamingos. Die ersten von dreizehn Küken verlassen bald die Nester – eigentlich handelt es sich dabei um Schlammkegel – und werden von den erwachsenen Vögeln gemeinsam wie in einem Kindergarten betreut, weitere Eier werden noch bebrütet. Die Eltern finden ihren eigenen Nachwuchs in der Gruppe mühelos wieder, um ihn zu füttern. Ernährt werden die Jungen in den ersten Monaten mit der sogenannten Kropfmilch, einer fett- und eiweißreichen Absonderung aus Drüsen in der Speiseröhre.

Erfolgreich verläuft die Brutzeit auch bei den stark gefährdeten, in Ostasien heimischen Mandschuren-Kranichen. Am 9. Mai schlüpft ein goldgelbes Federknäuel auf viel zu groß wirkenden Füßen. Als Nestflüchter spaziert das Küken unmittelbar nach dem Schlupf an der Seite seiner Eltern durch die Wiese und pickt Insekten, Regenwürmer und Körner auf, wie es ihm die Eltern mit ihren langen Schnäbeln

Im April 2011 schlüpfen sechzehn Waldrapp-Küken. Besucher können bis Ende Mai mitverfolgen, wie sie mit der Hand aufgezogen werden. Alle zwei Stunden füttern Steffi Heese und Daniela Trobe die Vogelkinder mit Insekten und einem Fleischbrei. Eine Gruppe engagierter österreichischer Wissenschaftler versucht, handaufgezogenem Nachwuchs aus Zoos die nötigen Kenntnisse zum Überleben in freier Wildbahn beizubringen. Das ist nicht so einfach. Waldrappe sind Zugvögel. Für eine erfolgreiche Wiederansiedlung müssen die menschlichen Zieheltern den Jungvögeln mit Hilfe von Ultraleichtflugzeugen die Flugroute in ihre Überwinterungsgebiete in Italien zeigen. Deshalb ist es wichtig, dass die Vögel auf Menschen geprägt werden. Tag und Nacht verbringen die zwei Vogelexpertinnen bei ihren Schützlingen. Den Ruf »Waldis, komm, komm!«, mit dem sie später vom Flugzeug aus gelockt werden, lernen sie von Anfang an kennen.

Am 6. Februar 2011 kommen drei Erdmännchen nackt und blind zur Welt. Einen Monat später verlassen sie den schützenden Bau und gehen auf Erkundungstour. Die Drillinge werden zu diesem Zeitpunkt noch von ihrer Mutter gesäugt, ein paar Wochen später stehen die ersten Insekten auf ihrem Speiseplan. Erdmännchen leben in sozialen Gruppen in den Savannen im Süden Afrikas und betreuen ihren Nachwuchs gemeinsam. Bereits wenige Tage nach der Geburt ist die Mutter nicht mehr die einzige Bezugsperson für die Jungen. Ein anderes erwachsenes Tier übernimmt die Rolle des Babysitters.

vormachen. In Japan gilt der weiß-schwarze Vogel mit dem roten »Krönchen« als Glücksbringer und Symbol für ein langes Leben. Tatsächlich steht sein eigenes Überleben auf dem Spiel. Große Teile seines angestammten Biotops wurden in Agrarflächen umgewandelt, sodass im Freiland heute nur noch rund zweitausend Vögel leben. Schönbrunn beteiligt sich am Europäischen Erhaltungszuchtprogramm und hat, was für Tiergärten außergewöhnlich ist, regelmäßig Nachwuchs.

Im Rentiergehege kommen zur gleichen Zeit im Abstand von wenigen Tagen zwei Männchen und zwei Weibchen zur Welt – die ersten Jungtiere seit drei Jahren. Verantwortlich dafür ist der neue Rentierbock Hank, der im September 2010, aus dem Zoo Gelsenkirchen kommend, offenbar sofort Anschluss bei den Rentier-Ricken gefunden hat.

Noch ähnelt das Aussehen der frisch geschlüpften Küken nicht im Mindesten dem eines ausgewachsenen Flamingos: Die Beine sind dick, die Schnäbel gerade, das Daunenkleid ist unscheinbar grau. Erst im Alter von etwa drei Jahren sind die Vögel bis zur letzten Federspitze rosa gefärbt.

Und im Juni 2011 verlassen acht Ziesel-Junge erstmals das Höhlenlabyrinth ihres unterirdischen Baus im Garten des Wüstenhauses aus dem Jahr 1903. Auf ihren Hinterbeinen stehend, erkunden sie die Umgebung, knabbern an Grashalmen oder verstecken sich in der Futterschüssel, aus der sie bereits wie die erwachsenen Ziesel Gemüse, Körner sowie gelegentlich Insekten fressen. Währenddessen wachen die Zieselmütter über sie, immer auf der Hut vor möglichen Feinden. Bereits beim geringsten Anzeichen von Gefahr stoßen sie einen schrillen Pfeifton aus. Dann verschwindet die Ziesel-Kolonie blitzschnell in ihren weit verzweigten Gängen und Höhlen unter der Erde.

Es ist eine einzigartige Kombination von vermeintlich widersprüchlichen Elementen: Imperiale Pracht und global vernetzter Artenschutz, prächtiges Barock und exzellente Wissenschaft, amüsante Erlebnislandschaft und ökologische Bewusstseinsbildung, professionelles Management und hingebungsvolle Tierpflege. Genau diese Kombination hat dazu geführt, dass der Tiergarten Schönbrunn im Jahr 2010 erneut zum besten Zoo Europas gekürt wurde. Der britische Zoo-Experte Anthony Sheridan verglich 80 wissenschaftlich geführte Zoos in 21 europäischen Ländern anhand von umfangreichen Fragebögen, Jahresberichten und Gesprächen mit den Zoodirektoren miteinander.

Die Qualitätsbeurteilung stützt sich auf 26 Kriterien – unter anderem Tierhaltung, Artenvielfalt, Artenschutz, Investitionen, Marketing, Besucherzahlen, Zoopädagogik und Personal. In der Kategorie »Zoos mit mehr als einer Million Besucher pro Jahr« erreichte der Tiergarten Schönbrunn 83,5 Prozent der möglichen Punkte – und damit mehr als jeder andere Zoo des Kontinents. Zu den vielen Eigenarten, die Sheridan in Schönbrunn ausfindig machen konnte, zählt eine besonders rare »Spezies«: In der Kategorie der europäischen Großzoos gibt es nur drei Direktorinnen. Dagmar Schratter ist seit 2007 eine von ihnen. Ihr Kommentar zu der Auszeichnungen darf als Motto ihrer Arbeit verstanden werden: »Wenn wir unsere Besucher für die Welt der Tiere begeistern, fördern wir das Bewusstsein für deren Schutz. Der Preis beruht auf einer Summe von Faktoren und deshalb gilt mein Dank jedem einzelnen Mitarbeiter.«

Schönbrunner Nachwuchs: Mandschuren-Kranich (oben), Rentier (Mitte) und Ziesel (unten).

AQUARIUM
TERRARIUM SCHÖNBRUNN

Die Geschichte

Der älteste Zoo der Welt

Oben: »Der Thiergarten von seltenen Thieren in Schönbrunn«. Kolorierter Stich von J. Knipp, um 1820.

Gegenüber: Ein Plakat des Tiergarten Schönbrunn. Entwurf (Rotfeuerfisch) von Helga Susan, 1959.

Ein Vierteljahrtausend Tradition der Tierhaltung

Die Ursprünge des Tiergartens reichen, wie jene der gesamten Anlage, bis in das Mittelalter zurück. Zwischen den Dörfern Meidling und Hietzing, am Rande des Wienerwaldes und in unmittelbarer Nähe zum Wienfluss, aber sechs Kilometer entfernt von der historischen Altstadt Wiens, stand inmitten von Wiesen, Weiden und Äckern eine Mühle. In einer Urkunde wird sie 1311 unter dem Namen »Chaternburg« erwähnt. Das Gebiet gehörte zumindest seit dem 12. Jahrhundert dem mächtigen Stift Klosterneuburg, das die fruchtbaren Ländereien zur landwirtschaftlichen Nutzung an die Bevölkerung vergab. Das Mühlengewerbe und der Weinbau wurden von den Landesherren gefördert. Für den Betrieb der Mühlräder wurde aus dem Wienfluss ein Bach abgeleitet, der erst im Zuge der Vorbereitungsarbeiten zur Errichtung des Schlosses zugeschüttet wurde.

Der »Khaiserliche Lust- und Thiergarten Schenbrunn«. Kupferstich von Georg Matthaeus Vischer, 1672.

Schönbrunn entwickelte sich wie auch der Lainzer Tiergarten aus den Ursprüngen eines kaiserlichen Jagdgeländes. 1548 gelangte das Gut an den späteren Bürgermeister von Wien, Hermann Bayer, der den Meierhof gegen die Bestimmungen seines Pachtvertrages mit dem Klosterneuburger Stift in einen Herrensitz umwandeln ließ. Nur wenige Jahre später, 1569, wurde das mittlerweile ausgebaute Anwesen, zu dem ein Haus, die Mühle, Ställe und Stadel für Nutzvieh, Pferde, Obst- und Weinkulturen und nicht zuletzt ein Lustgarten gehörten, von Kaiser Maximilian II. für viertausend Gulden gekauft. Und damit begann die Geschichte des imperialen Schönbrunn.

Um einen Eindruck zu bekommen, wie die Gegend von Schönbrunn vor der Inanspruchnahme durch den Menschen ausgesehen hat, lohnt sich ein Ausflug ein paar Kilometer weiter westlich der heutigen Parkmauern: Der Lainzer Tiergarten wurde 1561 als herrschaftliches Jagdrevier eingezäunt. Rund um den Johannser Kogel, dem ältesten Wiener Naturwaldreservat mit einer Ausdehnung von siebzig Hektar, finden sich Feldahorn, Eschen und Hainbuchen sowie die letzten Zeugen eines bis zu vierhundert Jahre alten Eichenbestandes. Einige Bäume haben einen Stammumfang von mehr als vier Metern.

Im März 1552 traf der erste Elefant in Wien ein. »Soliman« wurde vom nachmaligen Kaiser Matthias in einer Prozession quer durch Europa geführt – als Sinnbild der Stärke und Macht des Kaiserhauses.

Unten: Kaiser Matthias. Anonymer Kupferstich, um 1615.

Ganz unten: Der Quellenstein mit dem Monogramm von Kaiser Matthias.

Viele Habsburger waren begeisterte Jäger. Die weitläufigen Gründe und Wälder (das »Katterholz«) waren ein idealer Ort für die Jagd – und damit wohl der wichtigste Grund für den Ankauf des Anwesens. Neben dem frei lebenden Wild wurden eigens für die Jagd in umzäunten »Tiergärten« aufgezogene und später freigelassene Tiere erlegt. Einheimisches Jagdwild und Geflügel, aber auch exotische Vögel wie Fasane, »indianische Hühner« (Truthühner) und Pfauen waren die ersten Zoo-Bewohner. Maximilians Sohn Matthias soll bei einem seiner Jagdausflüge eine Quelle mit außergewöhnlich wohlschmeckendem Wasser entdeckt haben. Ein Brunnenstein, versehen mit der Initiale »M«, erinnert seit der Zeit Maria Theresias an diese Legende. Der Name Schönbrunn wurde erstmals 1642 urkundlich erwähnt. Fünfzig Jahre später – also kurz nach der zweiten Türkenbelagerung, in deren Verlauf auch das Schloss verwüstet worden war – entwarf Jean Trehet den ersten barocken Garten.

Ursprünglich nur für die Unterbringung der höfischen Jagdgesellschaft während der Jagdsaison vorgesehen, wurden die Gebäude von Schönbrunn seit Beginn des 18. Jahrhunderts zunehmend

Finanziert wurde die Errichtung der Menagerie rein aus der Privatschatulle des Kaisers, der sich sein Interesse an Naturkunde nicht durch Mäkeleien an den hohen Kosten verleiden ließ. »Ich weiß, daß Ihnen das sehr teuer vorkommt«, schrieb er in einer seiner Instruktionen zum Kauf von Tieren für die Menagerie, »aber das ist mein Vergnügen.« Bei aller Tierliebe wollte der Kaiser aber keine Raubtiere in der Menagerie haben – aus einem einfachen Grund: »Weil sie stinken.« Auch sollte die friedliche Atmosphäre des Parks nicht durch fleischfressende Tiere beeinträchtigt werden. Stattdessen platzierte Franz I. Stephan exotische Vögel, Affen, Hirsche und Antilopen in die Käfige und Gehege rund um den zentralen Pavillon, wo er in den Sommermonaten morgens in Ruhe frühstücken konnte. Zunächst hatten nur geladene Gäste und der Hofadel Zutritt, ab 1778 waren dann – vorerst immer nur sonntags – auch »anständig gekleidete Besucher« willkommen.

Kaiser Franz I. Stephan. Pastell von Jean-Étienne Liotard, um 1745.

als Sommerresidenz genutzt. In den Wintermonaten zog die kaiserliche Familie in die Hofburg. Ab 1742 verbrachte Maria Theresia die Monate April bis November im Schloss. Sie verfügte, dass »solches nicht nur repariret, sondern auch erweitert und zu bequemerer Unterbringung der Hof Statt ausgebauet werden solle«. Die in ihrem Auftrag errichteten Prunkräume stellen den Höhepunkt fürstlicher Repräsentation und höfischer Wohnkultur einer ganzen Epoche dar. Dieser Prunk wird insbesondere in der Großen Galerie sichtbar. Das Deckenfresko zeigt

Franz I. Stephan von Lothringen, der Gemahl Maria Theresias, hinterließ gemeinsam mit seinen sechzehn Kindern auch ganz persönliche Spuren im Schloss. Der Kaiser zerschnitt mit ihnen bemalte Blätter – ebenso standesgemäß wie barbarisch handelte es sich dabei um kostbare Schriften und Darstellungen der indischen Moguln aus dem 16. und 17. Jahrhundert –, die sie zu Collagen formten. Diese wurden mit vergoldeten Rahmen im Rokokostil versehen und in die Wandvertäfelung aus kostbarem tropischem Rosenholz im Millionenzimmer integriert.

das Herrscherpaar inmitten der Provinzen und ihrer wirtschaftlichen Stärke und symbolisiert damit eindrucksvoll die Macht des habsburgischen Reiches.

Aber auch rund um das Schloss ließ die Kaiserin die Anlage ausbauen; eine ganze Reihe meist französischer Landschaftsarchitekten formten Schönbrunn nach dem Vorbild von Versailles und zwangen die Natur in eine strenge Formensprache, von der sich die Zeitgenossen durchaus beeindruckt zeigten: »Der vorzüglichste Reitz des Schönbrunner Gartens besteht in den herrlichen Alleen, in der Mannichfaltigkeit des Laubes, in dem erquickenden Schatten, den sie darbieten, in der reinen und stärkenden Luft, die

Das Gartenparterre im Park von Schloss Schönbrunn – Blickrichtung Gloriette, die auf dem Hügel gelegene Wandelhalle mit Ausblick über weite Teile Wiens.

allenthalben umher säuselt, und in den weiten und überraschenden Aussichten, die man auf mehreren Standpunkten genießt. Von der Terrasse hinter dem Pallaste breitet sich der Garten wie ein Fächer aus, an dessen Ende der Obelisk, die Ruinen, die Gloriette, die Fasanerie und die Menagerie angelegt sind.« Es war der deutsche Reisende Christoph Meiners, der 1788 so von den Anlagen schwärmte. Die von ihm explizit angeführte Menagerie war 36 Jahre zuvor gegründet worden.

Als Franz I. Stephan von Lothringen 1752 die Menagerie in Schönbrunn etablierte, gehörte die Haltung exotischer Tiere zur

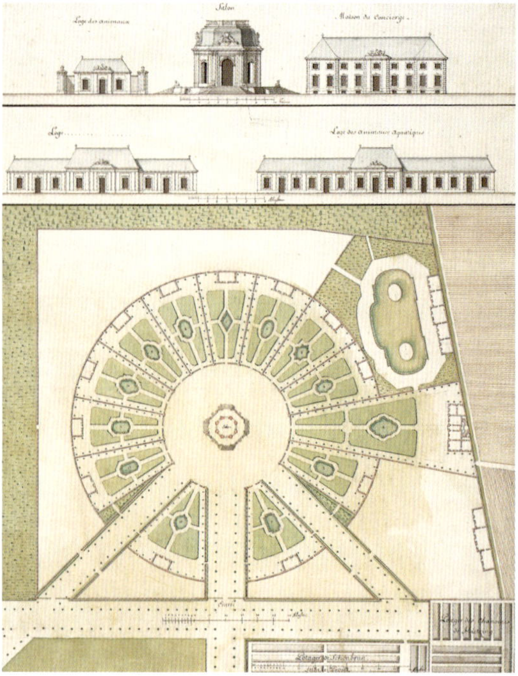

Entwurfszeichnung für die Menagerie Schönbrunn und ihre Gebäude von Jean Nicolas Jadot de Ville-Issey, 1751. Deutlich zu erkennen sind die dreizehn radial angelegten Segmente mit dem Pavillon im Mittelpunkt.

Basisausstattung gehobener höfischer Kultur im 18. Jahrhundert. Seit Beginn der Aufklärung finanzierten darüber hinaus viele europäische Herrscherhäuser Forschungsreisen. Die Naturwissenschaften erlebten eine erste Blüte. Und so entsandte auch das österreichische Kaiserhaus, beginnend mit Franz Stephan, Expeditionen nach »Westindien« (also in die Karibik), an das Kap der Guten Hoffnung und nach Brasilien. Die Souvenirs, Fundstücke, Trophäen und Ankäufe dieser Reisen sollten dann auch präsentiert werden. Es ist kein Zufall, dass beinahe zeitgleich mit der Menagerie auch jene Sammlungen entstanden, die ein Jahrhundert später den Grundstein für das Naturhistorische Museum an der Wiener Ringstraße bilden sollten.

Der Plan für den Pavillon (vermutlich erst 1759 fertig gestellt) und die dreizehn radial angeordneten Gehege stammte von dem Hofarchitekten Jean-Nicolas Jadot de Ville-Issey. Er entwarf zwölf gleichförmig gestaltete Tierhöfe, die durch Mauern voneinander getrennt, von Baumreihen flankiert und mit Rasenflächen sowie jeweils einem Brunnen ausgestattet waren. Lediglich das dreizehnte Segment mit der Maison du Concierge – dem Wohngebäude der Aufseher – wich von diesem einheitlichen Aussehen ab. Die heute noch erkennbare Kreisform der Gehege rund um den Pavillon mit ihren drei breiten Alleen bildet das Zentrum des Tiergartens.

Der Pavillon selbst ist als eingeschossiges Oktogon angelegt und öffnet sich mit großen Fenstern und Türen zu den Gehegen hin. Der Einblick in die Gehege erfolgt aber nicht wie in Versailles von einem Balkon im Obergeschoss – der König von Frankreich quasi als König der Tiere – sondern in Augenhöhe mit den Tieren und so mit einem direkten Bezug zur Natur. Errichtet ist der Pavillon auf einem Sockel, in dem die Kellerräume angelegt sind. Es mag zwar sein, dass Kaiser Franz Stephan hier auch seinen chemischen beziehungsweise alchemistischen Experimenten nachging, wie gerne behauptet wird. Architekturhistoriker gehen aber eher davon aus, dass der Sockel dazu diente, die prächtige Innenausstattung des Pavillons vor den saisonalen Überschwemmungen des Wien-Flusses zu schützen.

Eine erste Beschreibung des Pavillons durch einen Gast des Kaisers stammt von Dezember 1761. Es handelt sich um eine minutiöse Tagebucheintragung des Grafen Ludwig von Zinzendorf. Dominantestes Element des Pavillons ist wohl das Deckengemälde von Josef Ignaz Mildorfer. Es zeigt ein Festmahl der Götter, dargestellt anhand einzelner Episoden aus den *Metamorphosen* des Ovid. Menschen verwandeln sich in Tiere, und im Zentrum des freundlichen Götterhimmels thronen Jupiter und Juno und betrachten – wie Franz und Maria Theresia? – das Treiben. Bacchus bietet seiner Begleiterin Ariadne einen Weinkelch an, Diana räkelt sich mit

Deckenfresko im Kaiserpavillon

Tierporträts im Pavillon: Oben ein Bergzebra (das es zur Entstehungszeit des Gemäldes in Schönbrunn noch gar nicht gab), unten ein Rentier, ein Katta und ein Schwarznasen-Husarenaffe. Gemälde von Franz Michael Purgau, 1767.

ihren Jagdhunden auf einer Wolke, Nymphen und andere Mischwesen geistern fröhlich durch die Landschaft. Andeutungen tragischer Ereignisse wie die Szene, in der der Kentaur Nessus mit Deianeira, der Frau des Herakles, im Gebüsch verschwindet, sorgen für dramaturgische Kontrapunkte. Die in der Nussholzvertäfelung eingesetzten zwölf Tierporträts fertigte der Maler Franz Michael Purgau 1767 an, und zwar für ein Honorar von fünfhundert Gulden »wegen in der Menagerie zu Schönbrunn gemahlenen 8 grossen und 4 mittleren Bilder Indianische Thiere vorstellend« – wobei »Indianisch« als pars pro toto für exotisch zu verstehen ist.

Die Gemälde dürften weniger eine Dokumentation des Tierbestandes der Menagerie als die Illustration einer Wunschliste darstellen: Während sich etwa der Helmkasuar zum Zeitpunkt der Anfertigung in der Kollektion befunden hatte oder zumindest unter den bereits erworbenen Tieren gewesen war, bemühte sich Franz Stephan vergeblich um ein Zebra. Ein erstes Exemplar eines »hier noch nie gesehenen Zebra« wurde Anzeigen in Wiener Tageszeitungen zufolge im November 1783 von einer Wandermenagerie präsentiert. In der Auftragsliste, die Joseph II. einer Expedition nach Südafrika mitgab, war immer noch explizit das Zebra angeführt. Doch der neue Kaiser, der nach dem Tod Maria Theresias 1780 auch den Thron der österreichischen Erblande bestiegen hatte, musste nicht die Rückkehr der Expeditionsteilnehmer abwarten. Im November 1786 erhielt er das erste Exemplar als Geschenk des Prinzen von Oranien, wohl in einer Mischung aus Gelegenheit und Gefälligkeit. Der Prinz hatte gerade seine Menagerie von Den Haag nach Apeldoorn verlegt, wo aber die Ställe noch nicht fertig waren.

Gefahren lauerten auf die Tiere nicht nur in freier Wildbahn, sondern auch in den Menagerien und Zoos. In der ersten ausführlichen Beschreibung der Tiere aus dem Jahr 1799 wird von drei Straußen berichtet, die 1788 eingelangt waren. Darin heißt es, dass der Vogel »von Kräutern, Samenkörnern, Nüsse(n)« lebe, aber »auch Steine, Knochen, Strick, Leder, Eisen, Kupfer, Messing, Zinn, Bley und Glas« verspeise und »60 bis 70 Jahre alt« werde. Irrtum. In einem Bericht von 1806 wird das Hinscheiden des Straußenhahns wegen »einer Unverdaulichkeit« vermeldet: »Er hatte den Magen voll Eisen, das ihm unvernünftige Leute zugeworfen hatten. Denn der Strauß ist nicht, wie man gelegentlich glaubte, im Stande Eisen zu verdauen, sondern er verschluckt nur all das, was durch die Oeffnung seines Mundes geht.«

Als die Südafrika-Fahrer 1788 endlich heimkehrten, hatten sie nicht nur zwei der heiß ersehnten Zebras im Gepäck, sondern auch 250 Vögel. Seit damals gehören die Zebras zu den ständigen Bewohnern des Tiergartens und residieren gleich beim Pavillon. Anfang des 20. Jahrhunderts gelang gar das Kunststück, ein Chapman-Zebra aus dem südlichen Afrika so zu trainieren, dass es sich vor eine Kutsche spannen ließ, mit der dann Ausfahrten im Schönbrunner Schlosspark unternommen wurden.

Zebrastreifen im Schlosspark: Anfang des 20. Jahrhunderts gelang das seltene Kunststück, ein Chapman-Zebra so zu trainieren, dass es sich als Zugtier einspannen ließ.

Kaiser Joseph II. war weit weniger empfindlich als sein Vater, was den Geruch anging, und legte auch geringeren Wert auf ein paradiesisches Ambiente im Park. Er ließ aus der alten Menagerie beim Schloss Neugebäude, die nun aufgelassen wurde, die Raubtiere nach Schönbrunn bringen und verschaffte so auch gleich den Besuchern neue Attraktionen. Sein Credo kann man heute noch über dem Tor des Augartens lesen, den er ebenfalls öffnen ließ: »Allen Menschen gewidmeter Belustigungsort von ihrem Schätzer.« Nicht »Den Menschen«, sondern ausdrücklich »Allen Menschen ...«. Viele der Reformen Josephs II. wurden von seinen Nachfolgern auf dem Thron schnurstracks wieder zurückgenommen. Von der Schließung des Augartens und der Menagerie ließen sie jedoch die Finger. Der Zugang zur Menagerie war kostenlos und das durchaus mit Hintergedanken: Der Kaiser demonstrierte ebenso seine Macht wie seine Großzügigkeit und Aufgeschlossenheit, indem er seinen Untertanen ein Geschenk machte. 1798 zeigte sich der deutsche Schriftsteller Ernst Moritz Arndt begeistert: »Dieses Schönbrunn mit seinen Umgebungen gehört, weil es so nahe ist, zu den von den Wienern am meisten besuchten Orten. Alle Tage geht und fährt und reitet es da in hellen Haufen und es ist fast nie leer. (...) Die meisten aber sind um die Tiere in der Menagerie her, und hier scheint ordentlich eine Art Wallfahrt zu seyn. Da wird durch mancherlei Späße, Neckereyen, Urtheile und Anmerkungen für den lustigen Seher und Horcher die Menschenmenagerie endlich noch die lustigste.«

Für Schönbrunn als »kaiserlichen Zoo« waren die diplomatischen Geschenke ausländischer Herrscher und Potentaten von besonderer Bedeutung. Neben der Giraffe des ägyptischen Vizekönigs kam etwa 1816 mit dem jungen Berberlöwen Marco, ein Präsent der Princess of Wales, der erste Löwe überhaupt in die Menagerie. Aufsehen erregten auch die vom russischen Zaren gespendeten Wisente (1852 und 1903) sowie die Alpensteinböcke aus dem Jagrevier des Königs von Italien im Aostatal (1902 und 1911). Zu diesem Zeitpunkt waren beide Tierarten schon vom Aussterben bedroht.

Mehr und mehr exotische Tiere wurden angeschafft. Die Kunsthistorikerin Elfriede Iby und der Historiker Christian Stadelmann loben in dem Standardwerk *Menagerie des Kaisers – Zoo der Wiener:* »Die gut dokumentierten Ankäufe der 1780er-Jahre zeigen ein hohes Maß an Systematik und Aufwand.« Der kaiserliche Gärtner Georg Scholl brachte 1799 von einem mehrjährigen Aufenthalt in Südafrika Fell und Skelett einer Giraffe nach Wien mit. Ersteres landete an der Universität, das Fell wurde zur Anfertigung eines Stopfpräparats im Hof-Naturalienkabinett (dem späteren Naturhistorischen Museum) verwendet. Die erste lebende Giraffe, ein Geschenk des ägyptischen Vizekönigs Mehmed Ali, erreichte Wien 1828. Am 27. April kam der junge Bulle mit dem Schiff aus Alexandria im habsburgischen Venedig an und wurde zunächst vierzig Tage lang unter die dementsprechend genannte Quarantäne gestellt. Danach ging es weiter erst per Küstenkutter in das damals ebenfalls habsburgische Fiume, das heutige Rijeka in Kroatien, und von dort auf dem Landweg Richtung Wien. In Karlovac gab die Giraffe, die diese lange Strecke zu Fuß gehen sollte – mit Schnürschuhen an den empfindlichen Hufen – auf, weswegen sie auf einen eigens gezimmerten Wagen verladen wurde. Die Tour führte durch die Kronländer über Zagreb und Varazdin ins heutige Ungarn nach Szombathely, Kőszeg und Sopron. In Laxenburg südlich von Wien empfing der Kaiser samt seinem Hofstaat die spektakuläre Neuerwerbung.

In Wien wurde inzwischen das Giraffenhaus gebaut. Am 7. August 1828 kam das »Wundertier« schließlich in Schönbrunn an. Der Tiergarten konnte die Menschenmassen gar nicht aufnehmen; acht Grenadiere mussten aufgeboten werden, um einen reibungslosen Besuch der Giraffe zu ermöglichen. Heute würde man Hype dazu sagen: *à la Giraffe* war plötzlich der *dernier cri*. Mode,

Die erste Giraffe kam 1828 in Wien an – und löste eine Modewelle aus. Die eingeknickten Hinterläufe dokumentieren die Verletzungen, die das Tier beim Transport erlitten hatte.

Frisuren, Aschenbecher, Trinkgefäße, sogar ein eigenes Gebäck, die »Giraffeln«, wurden erfunden; ein Parfumeur bot in seinem Laden auf der Wiener Nobeleinkaufsmeile Graben den Duft »Esprit à la Giraffe« an. Man spielte das Giraffen-Klavier (ein aufrecht stehender Hammerflügel) und tanzte den Giraffen-Galopp. Der Hype verging so schnell, wie er entstanden war: Das Tier starb zehn Monate nach seiner Ankunft letztlich an den Folgen seines Transports vom Sudan an die Mittelmeerküste – und mit ihr bald auch die Mode *à la Giraffe*.

Der Eisbär, der Ende 1872 von der k. k. Polarexpedition unter der Führung von Julius Payer und Carl Weyprecht nach Schönbrunn kam, hatte es da deutlich besser als der auf Seite 28 erwähnte arme Straußenhahn knapp achtzig Jahre zuvor. Er lebte noch mehr als 32 Jahre in der kaiserlichen Menagerie und starb erst am 27. Dezember 1904 an Altersschwäche. Einer seiner Nachfolger aber wurde zum Ziel eines politisch motivierten Anschlags: Am 19. Mai 1918 schoss ein Soldat mit seiner Pistole auf den Eisbären, »weil der jeden Tag 10 kg Fleisch bekommt, während ich hungern muß«, wie er bei seiner Verhaftung erklärte. Der Eisbär hatte allerdings schon lange kaum noch Fleisch gesehen und war überwiegend mit Fischköpfen gefüttert worden.

Zeitgenössische Briefe und Beschreibungen belegen, dass Schönbrunn an der Wende vom 19. zum 20. Jahrhundert als moderne zoologische Anstalt wahrgenommen wurde und »den dritten Platz unter den europäischen Tiergärten« einnahm. Damit rangierte der kaiserliche Wiener Zoo, auf dem Niveau von Berlin und London. Mitten im Ersten Weltkrieg gelang ein spektakulärer Zuchterfolg: Im September 1916 kam ein Großer Ameisenbär zur Welt, eine Tierart, die damals als Nahrungsspezialist sehr schwer zu pflegen war. Erst im Jahr 2000, als ein Zwillingspärchen erfolgreich aufgezogen werden konnte, gelang es, wieder an diesen Erfolg anzuschließen.

In der zweiten Hälfte des 19. Jahrhunderts, als die Donau-Monarchie in voller Blüte stand, wurde schließlich aus der jahrzehntelang bewährten, aber nun schon etwas in die Jahre gekommenen barocken Menagerie ein für damalige Verhältnisse moderner Tiergarten. Die Inbetriebnahme der Stadtbahn (heute die U-Bahn-Linie U4

Eine Postkarte aus der Serie »Wiener Leben« belegt, wie beliebt Ende des 19. Jahrhunderts Schönbrunn war. Bürgertum und Militär bestaunten die Tiere – und einander.

sowie Teile der U6) und der Straßenbahn vom Stadtzentrum nach Hietzing machten den Zoo einfacher zugänglich, parallel dazu stieg das Bedürfnis nach Erholung von der Arbeit und vom Alltag des Großstadtlebens. Allerdings: die Menschen sollten sich in Schönbrunn eher entspannen und bilden als rabiat vergnügen. Biergärten waren auf dem Areal von Menagerie und Schlosspark untersagt, in Hietzing und Meidling gab es ohnehin jede Menge davon. Sogenannte Völkerschauen, bei denen Menschen aus exotischen Kulturen präsentiert wurden, hatte man in den Prater verbannt.

Im Zeitalter des Imperialismus wurden in vielen Metropolen weltweit Tiergärten angelegt: Moskau eröffnete seinen Zoo 1864, Budapest 1866, New York 1873, Kalkutta 1876 und Tokio 1882. In Paris gab es bereits seit 1793 einen Tiergarten, in London seit 1828 und in Berlin seit 1844. Die Inbesitznahme Afrikas durch die europäischen Kolonialmächte erschloss neue Bezugsquellen, technische Innovationen wie Eisenbahn, Dampfschifffahrt und die Eröffnung des Suezkanals verkürzten die Transportzeiten. In Schönbrunn wuchs in dieser Zeit die Anzahl der Tiere rapide: Waren es 1879 noch, ähnlich wie bei der Gründung, etwa 800, zählte man 35 Jahre später bereits mehr als 3400 Exemplare. Neben dem Erwerb durch Tierhändler und den Tauschgeschäften mit anderen Zoos begann die Eigenzucht – heute die zentrale Form der Bestandssicherung und -erweiterung – eine immer größere Rolle zu spielen, unterstützt durch die Fortschritte in Biologie und Veterinärmedizin. Wichtig für den Tierbestand wurden auch Geschenke, die zum Teil politische, zum Teil persönliche Hintergründe wie gesellschaftliche Anerkennung oder bessere Aufstiegsmöglichkeiten hatten. Zoo-Chronist Gerhard Heindl berichtet in *Menagerie des Kaisers – Zoo der Wiener*: »Die Mehrheit der Tierspender (…) kamen aus den Reihen des Adels, des Groß- oder Bildungsbürgertums und des Militärs. Aber auch so genannte ›einfache Leute‹ boten der Menagerie ihren Papagei, ihren Iltis oder ihre Sumpfschildkröte an.«

Die Dankesbezeugungen reichten von einem Schreiben mit »Dank im Namen des Obersthofmeisteramtes« über Gegengeschenke – goldene Uhren, Tabaksdosen und Nippesfiguren sowie Tiere aus der Menagerie oder den Hofgestüten – bis zu Ordensverleihungen. So konnte sich 1899 der in Singapur ansässige, aus Österreich stammende Hotelbesitzer Johann Hassner, der zahlreiche Tiertrans-

Sprungturm des Affenhauses. Fotografie, um 1900.

porte für die Menagerie zusammengestellt und dem Kaiser viele wertvolle Tiere kostenlos überlassen hatte, über das Goldene Verdienstkreuz mit der Krone freuen. Bisweilen trat der Kaiser als Besitzer der Menagerie selbst als Spender auf: 1906 und 1914 ließ er beispielsweise Gämsen nach Neuseeland schicken, die sich in den alpinen Landschaften rund um Mount Cook rasch vermehrten; 1911/12 wurden Karakulschafe im Auftrag seiner Majestät nach Argentinien verschifft.

Tierpfleger mit zwei Löwenjungen zur vorletzten Jahrhundertwende. Schon damals gelang es, Tiere aus exotischen Ländern im Zoo zu züchten.

Der »Schönbrunner Peter« allerdings verließ den Zoo ohne Genehmigung der Direktion. Der Ausbruch des Orang-Utans im Juli 1899 war ein mediales Großereignis: Kaum eine Tageszeitung, die die Flucht des erst vier Wochen vorher aus Borneo eingetroffenen Menschenaffen nicht großformatig und in Überlänge abhandelte. Zwei Tage und zwei Nächte turnte Peter durch den Schlosspark von Schönbrunn. Durch die Medienberichte angelockt, verfolgte eine riesige Menschenmenge – angeblich mehrere Tausend Zuschauer – die vergeblichen Versuche der »Tierwärter« (so wurden die Pfleger damals genannt), das inzwischen hochgradig verschreckte Tier wieder einzufangen. Peter starb wenige Wochen, nachdem er wieder in seinen Käfig gebracht worden war. Sogar der Autopsiebefund war Thema in den Tageszeitungen. Im *Illustrirten Wiener Extrablatt* war am 19. September 1899 zu lesen: »Das Thier litt an allgemeiner Anämie, dazu trat noch ein Lungenödem, welches wahrscheinlich eine Folge von ›Peters‹ Ausflug auf die Bäume des Schönbrunner Parkes war. Außerdem wurde noch eine Leberentartung constatiert, welche möglicherweise die unmittelbare Todesursache war.«

Schon früh versuchte man sich in Schönbrunn an der Nachzucht von Tieren, zu Beginn weniger aus Gründen der Arterhaltung denn aus Interesse am Verhalten der Tiere und dem Heranwachsen der Jungen. Kaiser Franz I. Stephan schrieb bereits 1751 in seinen Instruktionen für die Tierbeschaffung, es solle auch darauf geachtet werden, dass von den einzelnen Arten immer weibliche und männliche

Exemplare gekauft würden, was in der Praxis jedoch of schwierig war. 1839 bemühte sich die Direktion um den Ankauf eines Lama-Männchens, um es zu dem bereits in der Menagerie vorhandenen Weibchen zu gesellen, damit »eine fruchtbare Begattung dieser merkwürdigen Tiere nicht unter die unmöglichen Ereignisse gehören« würde. Zu dieser Zeit wandelte sich der Zoo auch zunehmend von einem Panoptikum der bekannten Tierwelt zu einer Institution mit einem ernsthafteren naturwissenschaftlichen Anspruch. Bei der Auswahl der Tiere wurde zunehmend die zoologische Systematik berücksichtigt, und an den Gehegen wurden Beschriftungen mit den Namen und Herkunftsländern der Tiere angebracht. Gerhard Heindl konstatiert: »In der zweiten Hälfte des 19. Jahrhunderts gehörten Geburten und das Heranziehen von Jungtieren gewissermaßen schon zum Zooalltag, wenn auch systematische Züchtungen im heutigen Sinn, mit Zuchtbüchern und Erhaltungszucht-Programmen auf internationaler Ebene, erst Errungenschaften der jüngeren Zeit sind.«

Mitzi brachte 1906 Mädi zur Welt: das erste in einem europäischen Zoo gezeugte Elefantenkalb.

Ideale Bedingungen fanden die Vögel in der Großvoliere (errichtet: 1925/26) vor, in der heute die seltenen Waldrappe beheimatet sind.

Mitte des 19. Jahrhunderts vermerken die Chroniken hauseigenen Nachwuchs bei Pferden, Rindern, Kamelen, Schafen, Ziegen, Hirschen, den Agutis (einer südamerikanischen Nagerart) sowie bei Tauben-, Hühner- und Schwimmvogelarten. Als bemerkenswert galten damals die Zoogeburten von Braunbären und Kängurus. Nach 1850 gelang die Nachzucht von Giraffen, Affen, Straußenvögeln und Wölfen. 1880 wurden die ersten Junglöwen erfolgreich großgezogen. Bei der Aufzucht wandten die Tierpfleger eine Praxis an, die sich schon bei Wandermenagerien bewährt hatte: Die Jungtiere wurden der Löwin abgenommen und in den ersten Wochen von einer Hündin, meist einer Dogge, gesäugt. Ein besonderer Erfolg konnte 1906 vermeldet werden: Die Elefantenkuh Mitzi brachte mit Mädi das europaweit erste in einem Zoo gezeugte Elefantenkalb zur Welt, was in der Ausgabe vom 17. Juli 1906 des *Welt-Neuigkeits-Blattes* mit der Schlagzeile vermeldet wurde: »Fern der Heimat geboren. Ein freudiges Ereignis in der Schönbrunner Elephantenfamilie«. Mädi wurde ansehnliche 38 Jahre alt und starb erst 1944.

Abgesehen von einer Geburt bei den Großen Ameisenbären im September 1916 gab es in den Kriegsjahren zwischen 1914 und 1918 wenig Positives aus der kaiserlichen Menagerie zu vermelden. Der Tiergarten hatte mit Versorgungs- und Personalproblemen zu kämpfen. Viele bewährte Pfleger wurden zum Kriegsdienst eingezogen. Die Raubtiere bekamen oft bis zu vier Tage lang kein Stück Fleisch. Manchmal fiel ein ausgedientes Militärpferd ab. Schließlich entschloss man sich sogar dazu, weniger wertvolle Menagerie-Tiere

Ein Zirkustrick half bei der Aufzucht der Junglöwen 1880: Der Nachwuchs wurde in den ersten Wochen von einer Dogge gesäugt.

zu schlachten, um damit anderen das Überleben zu sichern. Mit Kriegsende war der Tierbestand auf ein Drittel abgesunken (1128 Tiere), darunter dreißig Raubtiere, siebzehn Raubvögel und nur noch zwei Affen. Viele Tierhäuser standen leer. Als ehemaliger kaiserlicher Besitz wurde die Menagerie Schönbrunn Ende 1918 enteignet. In den Diskussionen um ihre weitere Nutzung erwog man unter anderem, eine Geflügelzuchtanstalt oder ein Museum anstelle des Tiergartens zu errichten.

Ab dem Sommer 1921 wurde der Tiergarten schließlich dann doch als staatliches Institut weitergeführt, und die junge Republik verlangte erstmals Eintritt. Auch private Spenden und das ebenfalls 1921 gegründete »Hilfswerk für den Wiederaufbau der Menagerie Schönbrunn« halfen über die Krise hinweg, Auslandsösterreicher vermittelten neue Tiere. 1924 wurde der Biologe Otto Antonius zunächst wissenschaftlicher Leiter und Ende 1925 schließlich alleiniger Direktor des »Tiergarten Schönbrunn«, wie die Einrichtung seit 1926 offiziell heißt. Die Menagerie mit ihrer imperialen, unmittelbar dem Kaiserhaus verbundenen Geschichte verwandelte sich unter seiner Leitung nach und nach in eine zeitgemäße, auch den Wissenschaften gegenüber aufgeschlossene Anstalt. Antonius erkannte die Notwendigkeiten des Artenschutzes und entwickelte gemeinsam mit anderen Zoodirektoren und Tierpsychologen noch heute geltende Grundsätze der Tiergartenbiologie. In diesem neuen Verständnis einer Mensch-Tier-Beziehung wurden 1925/26 auch die großen Raubvogelvolieren errichtet, zudem wurden zwei von drei Raubtierhäusern und das Affenhaus modernisiert.

Bewohner des Schönbrunner Tiergartens in den 1930er-Jahren: der Indische Elefant Pepi und das Flusspferd Schurl (oben, um 1930) sowie die Schimpansendame Lotte (unten, 1937).

Eine Reihe weiterer sinnvoller und erfolgreicher Maßnahmen folgte, nachdem die Weltwirtschaftskrise zu Beginn der 1930er-Jahre überstanden war. Der Zuschlag des ehemaligen »Kleinen Fasangartens« an den Tiergarten im Jahr 1936, mit dessen Bebauung auch bald begonnen wurde, bedeutete eine Gebietserweiterung von rund 2,2 Hektar gegen Osten. Doch Antonius, der erste Biologe an der Spitze des Tiergarten Schönbrunn, kann auch als Personifizierung des jungen österreichischen Staates verstanden werden: Den eigenen, nicht unerheblichen Fähigkeiten misstrauend, strebte ein erheblicher Teil der Funktionseliten »heim ins Reich« des Deutschnationalismus und später des Nationalsozialismus. So konnte Antonius seine Karriere auch nach dem »Anschluss« Österreichs 1938 nicht nurproblemlos, sondern sogar hoch angesehen fortsetzen. Er wurde in seiner Arbeit unterstützt und bekam sogar ein Ausbauprogramm für den Tiergarten bewilligt. Unter anderem bürgte er auch für den nachmaligen

Nobelpreisträger Konrad Lorenz, als dieser um Aufnahme in die NSDAP bat. Der Zweite Weltkrieg beendete jedoch den kurzen Aufschwung, und der Tiergarten sah sich bald mit einer Situation konfrontiert, die noch schlimmer war als dreißig Jahre zuvor. Am 9. April 1945 nahm sich Antonius gemeinsam mit seiner Frau das Leben. Sein Abschiedsbrief ist ein bemerkenswert aussagekräftiges Zeitdokument: »Zur Rechtfertigung meines Vorgehens nochmals: Ich kann das von heute auf morgen nicht verleugnen, woran ich ehrlich geglaubt habe (...) Irren ist menschlich, das sieht man gerade jetzt.«

Das als Gastwirtschaft genützte Tirolerhaus oberhalb des Tiergartens mit Hakenkreuz-Flaggen, 1940.

Welche Konsequenzen der Irrweg hatte, wurde auch im Tiergarten Schönbrunn am Beginn des Jahres 1945 deutlich: Durch zwei Angriffe alliierter Bomberverbände am 19. und am 21. Februar wurde bis auf den kaiserlichen Frühstückspavillon im Zentrum fast die gesamte Anlage verwüstet. Viele Tiere kamen uns Leben, tonnenschwere Rhinozerosse, ein Elefant und ein junges Flusspferde wurden von der zerstörerischen Kraft der Detonationen getötet, das damalige Dickhäuterhaus, das Sumpfvogel- und Reptilienhaus sowie etliche Volieren völlig devastiert. Auf der zerstörten Gloriette sah man noch drei Tage einen Kondor sitzen, später fand man selbst im Laxenburger Schlosspark noch einen entflogenen Schönbrunner Greifvogel. Von 1939 bis Jänner 1945 war der Tierbestand neuerlich von 2200 auf 1300 gesunken; Ende Februar 1945 gab es schließlich nur noch rund dreihundert Tiere in Schönbrunn.

Das zerstörte Elefantenhaus nach den Bombenangriffen im Februar 1945. Fotografie von Bruno Reiffenstein.

Offiziere der Roten Armee 1945 im Tiergarten Schönbrunn. Die Sowjetarmee sorgte für die Verpflegung der Zoo-Tiere in den ersten Nachkriegsmonaten.

An dem Tag, an dem Antonius Suizid beging, zogen in Schönbrunn die ersten sowjetischen Soldaten ein. Mit Hilfe eines Russisch sprechenden Zirkusdirektors, der seine Tiere in den letzten Kriegstagen im Zoo eingestellt hatte, konnte eine Abordnung der Tierpfleger den sowjetischen Kommandanten, General Dimitrij Schepilow, überzeugen, »für die Bewohner des Wiener Tiergartens Armeerationen auszugeben«. Bis Juli 1945 wurden so die Tiere unter Mithilfe der Roten Armee verköstigt. Gleichzeitig wurden die Tierpfleger vom Arbeitsdienst frei gestellt. Und die Sowjetarmee steuerte auch Tiere bei, allerdings nicht für die Gehege: Im August 1945 wurden elf Kamele einer Nachschubeinheit aus Usbekistan dem Tiergarten übergeben und nacheinander an die noch verbliebenen Raubtiere verfüttert.

Die Nachkriegsjahre in Schönbrunn standen, wie in ganz Österreich, im Zeichen des Wiederaufbaus – architektonisch wie gesellschaftlich. Die zerstörten Gebäude wurden bis Mitte der 1950er-Jahre wiederhergestellt oder durch Neubauten ersetzt, dabei wurden auch erste Freisichtanlagen – wie sie heute Standard in der Tiergartenhaltung und der Publikumsdramaturgie sind – errichtet. Neu entstanden auch die zerstörten Gehege im ehemaligen »Kleinen Fasangarten«. Bei dieser Gelegenheit wurde auch gleich die technische Infrastruktur des Tiergartens erneuert. So wandelte sich der Tiergarten in der Ära des Wirtschaftswunders zu einem Schaufenster in die Natur. Nicht zuletzt um dem zunehmend von Zeichentrickfilmen und Naturdokumentationen geprägten Tierverständnis vieler Großstadtkinder zu begegnen, wurde 1969 ein Kinderzoo angelegt. Er sollte einerseits den Wünschen der wichtigsten Zielgruppe Rechnung tragen – sind es doch oft die Kinder, die innerhalb der Familie über einen Zoo-Besuch entscheiden – andererseits aber auch eine Kontaktzone ermöglichen, in der ein der Natur entfremdetes großstädtisches Publikum Tiere »hautnah« erleben konnte.

Plakate des Tiergarten Schönbrunn: oben ein Waschbär (Entwurf von Rita Dolezal, 1958); unten Eule und Zebras (Entwurf von Ulrike Mayenburg, 1964).

Im Lauf der 1970er-Jahre wurde die Kritik an Mängeln immer lauter. Eine schwerfällige, zutiefst bürokratische Verwaltung – der Tiergarten war über die Schlosshauptmannschaft Schönbrunn als vorgesetzte Dienststelle dem Wirtschaftsministerium zugeordnet – und wenig Engagement vonseiten der Politik, größere Summen in Ausbaumaßnahmen zu investieren, führten zu einer kontinuierlichen Verwahrlosung des Tiergartens. Einer der Höhepunkte der Kritik war eine Artikelserie in der *Kronen Zeitung*, die den Titel »Schönbrunn. Tiergarten in Not« trug. Im Mai 1987 versperrten Tierschützer mit Ketten den Haupteingang und befestigten Transparente mit den Aufschriften: »Tiere sind keine Sache« und »Schließung des Tier-KZ Schönbrunn«. Der 1988 neu bestellte Direktor Fritz Böck – er folgte Walter Fiedler, der von 1959 bis 1987 die Geschicke des Tiergartens geleitet hatte – ortete das historische Ambiente als Kern des Problems: »Der Tiergarten Schönbrunn befindet sich in der unangenehmen Lage, zum einen der älteste Tiergarten der Welt zu sein, der seit seiner Gründung im Jahr 1752 ohne Unterbrechung am gleichen Standort betrieben wird, und dessen Anlagen deswegen großteils unter Denkmalschutz stehen und zum anderen als größter

Oben: Giraffen samt Nachwuchs.

Gegenüber: Rosa Flamingo

wissenschaftlich geleiteter Zoo Österreichs (…) voll den Aufgaben eines modernen Zoos entsprechen muß. Ein Ausweg aus diesem Dilemma ist wohl nur in der Errichtung einer Außenstelle im Wiener Bereich, eines Dependance-Zoos zu finden.« Gedacht wurde unter anderem daran, im Donaupark Gehege für Elefanten und andere Großtierarten zu errichten.

Als Helmut Pechlaner im Dezember 1991 zum Leiter des Tiergarten Schönbrunn bestellt wurde, hatte er sich zuvor bereits einen Namen als Direktor des Alpenzoos Innsbruck gemacht – unter anderen beim damaligen Wirtschaftsminister Wolfgang Schüssel. Der war zwar »wie noch jeder Wirtschaftsminister vor ihm erstaunt, dass er auch für die Elefanten von Schönbrunn zuständig ist« (Helmut Pechlaner), zeigte aber persönliches Interesse am Tier - garten, weil er als Hietzinger und Vater zweier Kinder den Zoo regelmäßig besuchte und so auch dessen damals trostlosen Zustand kannte. Die staatliche Dienststelle wurde nach der Verabschiedung eines entsprechenden Bundesgesetzes im Parlament von Sommer 1991 in ein Wirtschaftsunternehmen im Eigentum des Bundes, die »Schönbrunner Tiergarten Gmbh«, umgewandelt und Helmut Pechlaner zum Geschäftsführer bestellt. Pechlaners Lob aus dem

Jahr 2002 für seinen Dienstgeber ist dem Vokabular seines Metiers entnommen: »Schüssel war der Samenspender des neuen Zoos.« Pechlaner dankte für das Vertrauen mit einem bemerkenswerten Programm: Vom ersten Tag an begann er mit einer unvergleichlichen Mischung aus Charme, Unternehmergeist und Bauernschläue den Zoo zu modernisieren. Gehege und Häuser sowie der Wirtschaftstrakt wurden ebenso erneuert wie die zoologische Forschung neu ausgerichtet. Was ihm – so die Vermutung des Wiener Bürgermeisters und studierten Biologen Michael Häupl – deswegen gelang, weil er im Gegensatz zu Zoologen »als Tierarzt einen weniger sentimentalen Zugang zu Problemen hat«. 1994 wurde der Tirolerhof zu neuem Leben erweckt, mit der Zucht gefährdeter heimischer Nutztierarten begonnen und die neu gestaltete Anlage für die Großkatzen in Betrieb genommen. 1996 erhielten die Elefanten ein neues Haus in innovativer Zoo-Architektur mit zwei Besucherebenen und einem ausgedehnten Freigelände. Seit 1998 erstrahlt der Kaiserpavillon in frischem Glanz. Auch das vollständig modernisierte Vogelhaus und die nun erstmals für Besucher begehbare ehemalige große Greifvogelvoliere von Otto Antonius wurden wieder eröffnet. Von 1999 bis 2000 wurden das Aquarien- und Terrarienhaus und der angeschlossene Krokodil-Pavillon neu gestaltet.

Im Jahr 2001 durften sich die Humboldtpinguine und die Flusspferde über komplett renovierte Anlagen freuen. Ein erster Höhepunkt des wissenschaftlich fundierten Arterhaltungsprogrammes war die Geburt von Abu im April 2001, dem ersten durch künstliche Befruchtung gezeugten Elefanten in Europa. Ein Gutteil des Modernisierungskonzepts wurde nun durch Sponsoren, Spenden und steigende Besucher-Einnahmen finanziert: Waren es 1991 nicht mehr als 720 000 Menschen, die sich dem eher moribunden Ambiente der Gehege aus der Kaiserzeit aussetzten, wurden zehn Jahre später 1,7 Millionen Besucher gezählt.

Zum 250-Jahr-Jubiläum im Jahr 2002 wurde das Löwengehege neu gestaltet, Koalas zogen erstmals in seiner Geschichte in den Tiergarten Schönbrunn ein, und der Regenwald präsentierte sich unter einem

Seit 2002 sind in Wien-Hietzing auch Koalas heimisch.

mächtigen Glaskuppeldach. 2003 gelang es Helmut Pechlaner mit tatkräftiger Unterstützung der Politik sogar, Große Pandas nach Wien zu bringen – womit der Tiergarten Schönbrunn einer von nur ganz wenigen Zoos weltweit ist, in denen Koalas und Große Pandas zu sehen sind. Die beiden Neuankömmlinge, ein dreijähriges Paar aus dem chinesischen Panda-Zentrum Wolong, wurden vom Publikum umgehend Sisi und Franzl getauft, wenn ihre offiziellen Namen auch weiterhin Yang Yang (»Sonnenschein«) und Long Hui (»Drachenzeichen«) blieben. Auch das von Grund auf sanierte Wüstenhaus zeigt seither in Zusammenarbeit mit den Österreichischen Bundesgärten das Leben in den Trockenzonen der Erde. 2004 wurde das aus den 1970er-Jahren stammende Polarium umgestaltet, 2005 begannen die Arbeiten an den ehemaligen Filmstudios in der Maxingstraße, inzwischen als Tiergarten-ORANG.erie ein weiteres Vorzeigeprojekt des ältesten Zoos der Welt, und Anfang 2006 zogen zum ersten Mal seit 1894 wieder Panzernashörner in Schönbrunn ein. Die beiden aus Nepal stammenden Tiere, der Bulle Jange und die Kuh Sundari, bewohnen zusammen mit Axishirschen, Hirschziegen- und Nilgauantilopen ein großzügiges neues Gehege im Osten des Tiergartens. Ende 2006 ging Helmut Pechlaner als Direktor des Tiergarten Schönbrunn in Pension.

Ihm folgte mit Dagmar Schratter die erste Frau an der Spitze des Tiergartens, die als Pechlaners langjährige Stellvertreterin bestens mit den Aufgaben und Problemen des Unternehmens vertraut ist. Unter ihrer Leitung erfolgt eine Überarbeitung und Erweiterung des bestehenden Masterplans zur Ausgestaltung und Modernisierung des ältesten Zoos der Welt. Einen der neuen Schwerpunkte bildet nun auch die heimische Tierwelt. Mit ihren Vertretern sollen die Menschen für die Schätze der Natur in ihrer unmittelbaren Umgebung sensibilisiert und begeistert werden. Der Tiergarten Schönbrunn übernahm das Zuchtbuch der Afrikanischen Elefanten, der

Fidschi-Leguane und das neu gegründete Zuchtbuch der japanischen Seraus. Höhepunkt des Jahres 2007 war die Geburt des ersten auf natürlichem Weg gezeugten Panda-Babys (und zweiten Panda-Babys überhaupt) in Europa am 23. August. Im Januar 2008 verließ Fu Long (»Glücklicher Drache«) – so der Name des Pandabärchens – dann auch endlich seine Wurfbox und war für die Besucher live zu sehen. Zum ersten Mal seit der Ankunft der ersten Giraffe im Jahr 1828 wurden wieder Ordnungskräfte eingesetzt, um für eine reibungslose »Blockabfertigung« vor dem Betreten des Pandahauses zu sorgen und die Einhaltung der zum Schutz von Fu Long erlassenen Sicherheitsvorschriften zu überwachen. Fu Long und zahlreiche weitere bei den Besuchern besonders beliebte Jungtiere wie Eisbären, Löwen und Tiger bescherten dem Tiergarten Schönbrunn bis Jahresende 2008 mit 2,6 Millionen Gästen einen neuen Besucherrekord.

Im Mai 2009 wurde die neue Tiergarten-ORANG.erie eröffnet. Das im Biedermeier als Gewächshaus errichtete Gebäude beherbergt ein großzügiges Orang-Utan-Gehege, einen Veranstaltungssaal, Büroräume, die Bibliothek und das Archiv des Tiergartens sowie das Café Atelier Nonja. Es ist durch einen Tunnel unter dem Botanischen Garten mit dem bisherigen Areal verbunden und erschließt dem Tiergarten auch eine kleine Erweiterungsfläche. Am Hang des Glorietteberges entstand ein mehrteiliger Naturerlebnisweg, der den Lebensräumen der heimischen Tierwelt gewidmet ist. Im Herbst 2009 übersiedelte Fu Long vereinbarungsgemäß nach mehr als zwei Jahren nach China, in die Heimat seiner Eltern, doch schon im August 2010 kam der nächste Panda-Bär zur Welt, der den Namen Fu Hu (»Glücklicher Tiger«) erhielt.

Fu Hu und seine vielen Gefährten aus der Schönbrunner Kinderstube beweisen: Die lange und erfolgreiche Geschichte des ältesten Zoos der Welt wird weiter fortgeschrieben.

Nachwuchs im Tiergarten Schönbrunn: Katta (oben) und SibirischerTiger (unten).

Die Tiere

Die Stars der Menagerie

Oben: Kleiner Panda

Gegenüber: Eisbär

Ein Tag im Leben der beliebtesten Zoo-Bewohner

Die Wahl fällt schwer: Mehr als achttausend Tiere leben im Tiergarten Schönbrunn. Doch welche der rund siebenhundert Arten von A wie Aphanius-Kärpflingen bis Z wie Zebramanguste verdient besondere Aufmerksamkeit?

Der Aphanius-Kärpfling ist ein wirklich unscheinbarer, weil nicht sehr farbenprächtiger und nur sechs Zentimeter langer Bewohner warmer Meeresregionen in der nördlichen Hemisphäre, dessen Lebensraum durch menschliche Eingriffe entlang der Küsten des Mittelmeers stark gefährdet ist. In Schönbrunn werden derzeit fünfzehn Arten dieser Gattung gepflegt und erfolgreich vermehrt. Zwei dieser Arten sind in der Natur schon ausgestorben. Mehr Arten als im Aquarienhaus gleich beim Hietzinger Tor gibt es in keiner anderen Institution weltweit. Die nachgezüchteten Exemplare werden im Rahmen von Arterhaltungsprogrammen an andere Aquarien vermittelt.

Zebramangusten

Die Zebramangusten, Angehörige der Familie der Schleichkatzen, die in sozial organisierten Kolonien in Steppen, Savannen und Trockenwäldern zwischen Gambia und Südafrika leben, sind hingegen derzeit nicht bedroht. Ihr Geschick stellen sie beim Öffnen von Eiern unter Beweis: Das rohe Ei wird zwischen die Vorderpfoten genommen, die Hinterbeine werden gegrätscht. Mit einem gezielten Wurf nach hinten gegen einen Stein oder einen anderen harten Gegenstand wird das Ei geknackt, danach wird sein Inhalt genussvoll ausgeschlürft. In Schönbrunn wird bei den Zebramangusten untersucht, ob sie über ein so umfangreiches Lautrepertoire verfügen wie ihre nahen Verwandten, die Erdmännchen – und ob die Zebramangusten in ihrem Gehege zwischen Regenwaldhaus und Streichelzoo gar die Warnpfiffe der Erdmännchen verstehen.

Geht es nach den Besucherströmen, fällt die Wahl eindeutig aus. Die Menschen zieht es zu den großen, ansehnlichen, bekannten Arten, zu den »sexy species« wie sie die Wildtierzoologen manchmal lässig nennen: Elefanten, Eisbären, Großkatzen und

Orang-Utans, Giraffen, Nashörner, Koalas und Pandas sowieso. Das ist insofern in Ordnung, als diese Stars der Menagerie die Wappentiere der medialen Vermittlung sind. Von der ihnen zuteil werdenden Aufmerksamkeit profitieren all die anderen Arten im Zoo – haben es sich doch seine Direktorin und die Mitarbeiter zum Ziel gesetzt, die Besucher für die Welt der Tiere zu begeistern und damit das »Bewusstsein für Natur- und Artenschutz zu fördern«, wie es in der Vision des Tiergartens heißt.

Panzernashorn

Es gibt eine verhältnismäßig einfache Möglichkeit, die Stars der Schönbrunner Tierwelt kennenzulernen. Die Besucher müssen dafür nur ein einziges, aber dafür besonders wertvolles Gut mitbringen: ihre eigene Zeit, und zwar von neun Uhr Früh bis in den späten Nachmittag – je nach Jahreszeit bis 16.30 oder 18.30 Uhr. Im Verlauf dieses einen Tages lässt sich ein Einblick in den Erfindungsreichtum und die Adaptionsfähigkeit der Natur gewinnen, der durch keine noch so spannende Tier-Dokumentation in High Definition auf dem Bildschirm vermittelt werden kann. An diesem einen Tag geht es darum, die Tiere bei den wichtigsten Funktionen ihres Lebens zu beobachten: beim Fressen (und gelegentlich auch beim Gefressen werden), beim Sozialverhalten und bei der Entspannung. Der famose Reiz an dieser Konstellation: Bisweilen lassen sich die Tiere bei dieser Gelegenheit auch bei der allerwichtigsten Funktion beobachten – bei der Fortpflanzung.

Orang-Utan

10.00 Uhr In der ORANG.erie gibt es für die »Waldmenschen«, denn das bedeutet der Name Orang-Utan auf malaiisch, ein ausgiebiges zweites Frühstück. Nonja und Vladimir sind 2009 vom alten Affenhaus in diese neue, geräumige Anlage mit Innen- und Außenbereich übersiedelt; weiters hier ansässig sind das junge Orang-Utan-Weibchen Sol und die fast fünfzig Jahre alte Mota. In der freien Wildbahn Borneos und Sumatras dürfte die Anzahl ihrer Artgenossen wegen der Zerstörung des Regenwaldes durch den Menschen bereits auf siebentausend Exemplare geschrumpft sein; umso wichtiger ist die koordinierte Pflege in Zoos. Und die geht weit über eine simple »Vollpension« hinaus: Die Pfleger der Orang-Utans überlegen sich laufend neue Überraschungen. In der Natur verbringen Orang-Utans einen Großteil des Tages mit Nahrungssuche. Dementsprechend setzen ihnen die Pfleger das Futter nicht einfach vor, sondern verstreuen und verstecken es im Gehege. Oder sie konstruieren einen neuen Futterapparat. In mehreren Ebenen stapeln sich darin die Leckerbissen: Brotstücke, Nüsse und Müsli. Doch die Menschenaffen müssen sich den Zugang zu den Naschereien erst erarbeiten. Äste und Bambusstäbe, die sie im gut strukturierten Gehege abbrechen, dienen ihnen als Werkzeuge, um das Futter im Apparat Ebene für Ebene in Richtung Öffnung zu befördern.

Bei hohen Temperaturen im Sommer schätzen die Orang-Utans vor allem die von den Tierpflegern zubereiteten Eislutscher. Dafür werden Wasser und Obststücke in Behältern eingefroren. Die Orang-Utans versuchen, an die erfrischenden Eisstäbchen heranzukommen und lutschen sie dann genüsslich ab.

Wie beim Menschen sind es oft die einfachen Dinge, die das größte Vergnügen bereiten. Im Fall der Orang-Utans sind es schlichte Jutedecken, mit denen sie den größten Spaß hat. Die Affen bauen sich damit abends ihre Schlafnester und wickeln sich auch tagsüber darin ein – etwa bei einem Nickerchen nach dem Frühstück als Schutz vor der Sonne.

10.30 UHR Die Schulklassen, von denen die ersten schon lange vor 9.00 Uhr draußen vor dem Eingang auf Einlass gewartet haben, strömen zum Polarium. Dort hat Tierpfleger Ludwig Fessl bereits die Fütterung vorbereitet. Mit seinem eindrucksvollen Schnauzer ähnelt er durchaus den Mähnenrobben im riesigen Freibecken. Die Mähnenrobben bewohnen diese Anlage zusammen mit Königs- und Felsenpinguinen. Die Königspinguine stammen aus der Antarktis und sind damit die einzigen echten Polartiere, während die Mähnenrobben so wie die Felsenpinguine an den Küsten Südamerikas zu Hause sind. Sie teilen sich aber mit ihren Mitbewohner das Mikrohabitat, passen sie doch wegen ihrer Lebensgewohnheiten gut zu einander: Alle schätzen kaltes Wasser und frischen Fisch. Und den gibt's von Ludwig Fessl. Der achtet darauf, dass keine der Robben benachteiligt wird. Mit weiten Würfen wird jeder Teil des Beckens mit einem Fisch bedacht – und unvorsichtigen Zuschauern droht ein Wasserguss, wenn sich die Tiere gerade vor ihnen hineinplumpsen lassen.

Durch die riesige, dreizehn Meter lange Verglasung des Außenbeckens sehen die Besucher auch unterhalb der Wasserlinie, wie die Robben den Futterfischen nachjagen und aufgeregt ihre Runden ziehen. Besondere Einblicke gewährt die sogenannte Tauchbox: In einem über dem Robbenbereich liegenden, abgedunkelten Raum mit Glasboden können die Besucher den Mähnenrobben auch von oben beim Tauchen zuschauen.

11.00 UHR Schilder weisen vom Polarium den Berg hinauf zum Gelände der Arktischen Wölfe. Dort auf dem Hang toben die drei Tiere – die beiden Rüden Dag und Ide sowie die Fähe Inja – durch den Wald, liegen hinter Baumstämmen auf der Lauer oder streifen neugierig schnüffelnd durch ihr Gehege. Arktische Wölfe haben ein dichtes, weißes Fell, das sie für Beutetiere fast unsichtbar macht und sie vor den eisigen Temperaturen schützt. Zudem sind Arktische Wölfe etwas kleiner, haben rundere Ohren und eine kürzere Schnauze als andere Wolfsarten. In diesem Fall

Die Pinguine leben im Schönbrunner Polarium in einer buchstäblich »coolen« Wohngemeinschaft, fühlen sie sich doch bei einer Raumtemperatur von zehn Grad Celsius und einer Wassertemperatur von acht Grad Celsius wohl. Felsenpinguine – mit ihren leuchtend gelben Federbüscheln auf dem Kopf besonders auffällig – sind in der Lage, grobe Küstenfelsen hinaufzuklettern, um dort sichere Nistplätze anzulegen. Die Königspinguine (Mitte) dagegen bevorzugen eher flaches oder hügeliges Terrain. Dementsprechend ist das Polarium mit unterschiedlich angelegten Felsstrukturen ausgestattet. Offenbar eine ideale Umgebung, denn besonders die Felsenpinguine entschließen sich Jahr für Jahr zum Brüten. Die fürsorglichen Pinguin-Eltern wärmen die Kleinen abwechselnd und füttern sie mit vorverdauter Nahrung. Nur etwa achtzig Nördliche Felsenpinguine leben insgesamt in europäischen Zoos – mehr als die Hälfte davon in Schönbrunn. Der Tiergarten Schönbrunn ist damit der einzige Zoo weltweit, der bei dieser bedrohten Tierart jedes Jahr Nachwuchs vermelden kann.

Gleich nebenan hopsen die Humboldtpinguine über die Felsen. In freier Wildbahn tauchen Humboldtpinguine entlang den Küsten Perus und Chiles in Gewässern, die durch den Humboldtstrom gekühlt werden. Ihr spindelförmiger Körper und die zu Flossen umgewandelten Flügel machen sie zu gewandten und schnellen Schwimmern. Im Gegensatz zu ihren Kollegen sind die Humboldtpinguine Höhlenbrüter. Spezielle Brutgänge, die in Art und Größe den natürlichen Bedingungen an den Meeresküsten Südamerikas nachempfunden sind, schaffen im Tiergarten Schönbrunn die Voraussetzungen für natürliches Brutverhalten.

Arktischer Wolf

dient der Zoo als Mediator: In Europa hat nicht zuletzt die Vorstellung vom blutrünstigen Wolf zu großflächiger Ausrottung geführt. Der Arktische Wolf ist in seinem Bestand lokal bedroht. Gezielte Schutzbemühungen helfen, das Überleben dieser Wolfsart zu sichern. Rund ein Kilogramm Fleisch vertilgt so ein Arktischer Wolf pro Tag. Während der Fütterung erzählen die Mitarbeiter der zoopädagogischen Abteilung über das Sozialsystem der Wölfe, die Bedrohungsszenarien dieser Tierart und ihre Lebensweise.

13.30 Uhr Ebenfalls keine Kostverächter sind die Piranhas im Aquarien-Terrarienhaus. Ihre sprichwörtliche Gefährlichkeit und Aggressivität wird meist maßlos übertrieben. In ihrer Heimat Südamerika erfüllen sie – dem Geier nicht unähnlich – eine wichtige Rolle als Gesundheitspolizei, indem sie das Wasser von Tierkadavern frei

Sonntags um 11.30 Uhr bekommt der Schmutzgeier seine Nahrung »öffentlich« serviert. Der Schmutzgeier hat durch eine gute Anpassungsfähigkeit an das Nahrungsangebot bessere Überlebenschancen als andere Geierarten. Trotzdem ist er in Europa nicht zuletzt wegen Verfolgung durch den Menschen stark gefährdet. Er ernährt sich von toten Kleintieren, Datteln, Palmnusshülsen, Eiern sowie Abfall aller Art. Insekten dürften seine einzige lebende Beute sein.

Piranha

halten. Piranhas sind in den Flüssen Kolumbiens, Venezuelas, Guyanas, Paraguays, Brasiliens und Zentral-Argentiniens weit verbreitet. Abgesehen von einem übergroßen Maul und den hervorstehenden Zähnen, die sie gefräßig erscheinen lassen, unterscheiden sich die Piranhas farblich von Art zu Art. Die meisten haben einen olivgrünen oder schwarzblauen Rücken, Seiten und Bauch sind dunkel- bis silbergrau. Piranhas jagen in Schwärmen. Ihre Zähne sind so scharf, dass sie mit einem einzigen Biss dünne Knochen oder sogar Stahldrähte sauber durchtrennen können. Ihre Mitbewohner im Amazonas-Becken des Schönbrunner Aquarienhauses haben aber nichts zu befürchten: Die mehr als 2500 »kleinen« Verwandten – mehrere Salmler-Arten, die zu den typischen Aquarienfischen in den heimischen Wohnzimmern zählen – schwimmen in Schwärmen unbeschadet neben den rund zwanzig Zentimeter langen Nachbarn.

14.00 Uhr Im Regenwaldhaus leben Fische, die es in ihrer Eigenartigkeit leicht mit den Piranhas aufnehmen können. Schlammspringer zum Beispiel verbringen die meiste Zeit an Land. Dabei setzen sie ihre muskulösen Brustflossen wie ein Paar Vorderbeine zum Springen über Schlamm und Sand ein. Wie andere Fische atmen sie Sauerstoff durch Kiemen, allerdings können sie auch Luft über die Mundhöhle aufnehmen. Deshalb sieht man die Tiere häufig mit weit geöffnetem Maul herumlungern, wenn sie nicht gerade Bodenlöcher bis zu einer Tiefe von fünfzig Zentimetern graben. Manche klettern sogar Baumstämme und Äste hinauf, sie entfernen sich jedoch nicht weit von der Wasserlinie. Gefüttert werden allerdings um diese Zeit die Schützenfische. Sie leben in kleinen Gruppen im Brackwasser von Flussmündungen. Ihren Namen verdanken sie ihrer Jagdmethode. Schützenfische können Insekten, die auf Blättern und Zweigen oberhalb des Wasserspiegels sitzen, durch das kräftige Spucken eines Wasserstrahls abschießen und so fangen und verzehren.

Unten: Schlammspringer

Ganz unten: Schützenfisch

Zur selben Zeit werden auch die großen Fleischportionen zubereitet. Die beiden Sibirischen Tigerdamen Kyra und Ina repräsentieren die größten Raubkatzen der Welt. Wenn sie zum Greifen nahe an den Scheiben des Außengeheges vorbeistreifen, stellt sich unwillkürlich

Der Tiergarten Schönbrunn beteiligt sich im Zuge des Europäischen Erhaltungszuchtprogramms für gefährdete Arten (EEP) intensiv an der Nachzucht der Sibirischen Tiger. Nachwuchs aus Wien ist aufgrund der ausgezeichneten genetischen Anlagen sehr begehrt und wichtig für die Vielfalt der Erbsubstanz. Jungtiere aus Schönbrunn sind beispielsweise in den Zoos von Schmiding, Banham, Colchester und Busso - lengo heimisch.

Hochachtung ein. Die Selbstverständlichkeit, mit der sie sich dann etwa über die (natürlich bereits toten) Kaninchen hermachen, trägt eindeutig noch zur Vertiefung des Respekts bei. Die Tiger sind auch bei Eis und Schnee in ihrer Außenanlage zu bewundern: Sie wälzen sich im Schnee, jagen durch ihr tiefwinterliches Gehege und legen sich zum Ausruhen mitten in die weiße Pracht. Sibirische Tiger, deren Heimat das Flussgebiet von Amur und Ussuri im fernen Osten Russlands und in Nordchina ist, sind Temperaturen bis minus 45 Grad Celsius gewohnt. Eine bis zu fünf Zentimeter dicke Fettschicht an Flanken und Bauch schützt diese Tierart vor der Kälte – nicht aber vor dem Menschen. Schätzungen zufolge leben in freier Wildbahn nur noch rund fünfhundert Tiere. Schuld daran sind die Zerstörung des Lebensraumes durch illegalen Holzeinschlag und Waldbrände sowie Wilderei.

Der Jaguar gleich nebenan in der Großkatzenanlage bevorzugt eindeutig höhere Temperaturen. Er genießt in Süd- und Mittelamerika einen beachtlichen Ruf als Symbol für Schläue, Kraft und Beweglichkeit. Jaguar leitet sich von dem indianischen Wort *jaguara* ab, was so viel wie »derjenige, der im Sprung tötet« bedeutet. Jaguarweibchen bringen in der Regel alle zwei Jahre meist zwei, gelegentlich drei bis vier Jungtiere zur Welt. Sogenannte »Schwärzlinge« sind dabei keine Seltenheit, fast ein Viertel des Nachwuchses ist dunkel.

Im Großkatzenhaus erläutern jährlich wechselnde Ausstellungen Bedrohungsszenarien für Tiere und wichtige internationale Schutzprojekte. 2010 war hier »Der Pfad des Jaguars« zu sehen, der ein Schutzprojekt in Costa Rica vorstellte, eines jener Länder, in denen der Jaguar heimisch ist. Der kleine Staat in Mittelamerika zählt zu den artenreichsten Ländern der Welt und beherbergt in vielen isolierten Schutzgebieten eine große Anzahl an Lebensräumen

Jaguare

mit einer enormen Artenvielfalt. Ein biologischer Korridor, der »Pfad des Jaguars«, soll diese isolierten Reste von natürlichen Lebensräumen durch Aufforstung wieder miteinander verbinden und damit wieder den seit einiger Zeit unterbrochenen überlebenswichtigen genetischen Austausch von Pflanzen und Tieren zwischen Nord- und Südamerika ermöglichen. Der Jaguar, der sonst als Einzelgänger lebt, verlässt während der Paarungszeit sein Revier auf der Suche nach einem Partner. Mit Hilfe biologischer Korridore können diese Großkatzen und andere Tiere wieder wandern, Partner finden und so das Überleben ihrer Art sichern. Der »Regenwald der Österreicher«, der letzte noch erhaltene Tieflandregenwald an der Pazifikküste Costa Ricas, ist Teil dieses wichtigen Korridorprojektes. Seit 1993 arbeiten Österreicher in der Forschungsstation La Gamba intensiv an der Erhaltung und Erforschung dieses artenreichen Regenwaldgebietes und damit auch an der Schaffung von biologischen Korridoren.

Großer Ameisenbär

14.30 Uhr Ein Profiteur der Artenvielfalt in Südamerika ist der Große Ameisenbär, in Schönbrunn vertreten durch die beiden Weibchen Ilse und Emilia, das Männchen Silva und das Ende November 2011 geborene Jungtier Hombrecito. Bei den kommentierten

Fütterungen im Innenbereich des neuen Südamerikagebäudes verstecken die Tierpfleger das Futter in einem künstlichen Termitenhügel. Mit ihren rund 55 Zentimeter langen, klebrigen Zungen lecken die Großen Ameisenbären daraus den Futterbrei. Da der Termitenhügel auf der Besucherseite offen ist, können die Besucher dieses faszinierende Schauspiel beobachten und dabei Verblüffendes über Ilse, Emilia Silva und Hombrecito erfahren: Essen sie etwa wirklich nur Ameisen? Und warum pfeifen die Jungtiere?

Interessante Geräusche gibt auch ein anderes Jungtier gegenüber dem Kaiserpavillon von sich. Bereits zweimal ist es im Tiergarten Schönbrunn seit 2003 gelungen, Große Pandas nachzuzüchten. Dieser Inbegriff der bedrohten Tierart – als Wappentier des World Wide Fund for Nature in aller Welt popularisiert – fühlt sich in Schönbrunn außerordentlich wohl.

Die Lage des Geheges dürfte atmosphärisch besonders gut ausgewählt sein, Chinesen sprechen hier gerne von himmlischer Harmonie, entsprechend den Regeln des Feng Shui. Und auch die Nahrung – Bambus zum Teil aus hauseigenem Anbau – dürfte passen. Ein ORF-Team rund um Regisseur Heinz Leger wurde im Frühjahr

Sisi und Franzl in love.

2006 Zeuge dieser ebenso animierenden wie animalischen Atmosphäre. Eigentlich wollte Leger mit zwei Kameras bloß den Alltag der beiden Bären, die seit dem Frühjahr 2003 in Schönbrunn leben, dokumentieren. Der sieht – in Langfassung – so aus: essen, schlafen, spielen. Doch das Pandamännchen hatte an dem lauen Maientag keinen Sinn für die übliche Routine. Vielmehr interessierte sich der fünfjährige und gerade der Pubertät entwachsene Long Hui – im Wiener Volksmund Franzl genannt – brennend für seine Gefährtin Yang Yang – auch als Sisi bekannt. Auf Schritt und Tritt folgte Long Hui ihr durchs Gehege, und Yang Yang zeigte sich gar nicht abgeneigt. An sich ist der Große Panda unter Zoologen als Sexmuffel verschrien. Doch das Schönbrunner Panda-Paar erwies sich als überaus aufgeschlossen und paarte sich vor laufenden Kameras und den Augen nicht weniger erstaunter Besucher. Und als sie fertig waren, taten sie es noch einmal. Und dann noch einmal. Den Zuschauern soll allein schon vom Zuschauen ganz schwindlig geworden sein.

Warum gerade Panda-Bären für uns so herzig aussehen, hängt eng mit ihrer Ernährung, zusammen. Ihr Gebiss mit den dicht aneinander stehenden Backenzähnen kann selbst die sprödesten Pflanzenfasern des Bambusses zermahlen und so Vitamine und Ballaststoffe effizient verwerten. Das runde Gesicht und der kugelige Kopf resultieren aus den großen Muskeln, die durch das ständige Bambuskauen trainiert werden. Oben: Fu Long mit seiner Mutter Yang Yang.

Ein Jahr nach dieser freudvollen, aber ergebnislosen ersten Paarungsphase stieg im Frühjahr 2007 die Spannung erneut. Würden Sisi und Franzl wieder zueinander finden? Panda-Weibchen ovulieren nur an drei bis vier Tagen im Jahr, verfügen also nur innerhalb dieser kurzen Periode über Eier, die befruchtet werden können. Franzls Sperma – das hatten Untersuchungen bereits ergeben – war auf jeden Fall von guter Qualität. An einem sonnigen Vormittag im April 2007 kommt es dann zu der zärtlichen Begegnung der besonderen Art. Und zwar vier Mal. Ultraschall- und Harnuntersuchungen zwei Monate später geben Anlass zur Hoffnung: Yang Yang scheint schwanger zu sein! Und als ob das nicht schon sensationell genug wäre: auf natürlichem Wege! Insgesamt 127 zähe Tage des Wartens gilt es zu überdauern. Und dann, am 23. August 2007, ist es soweit: Ein schwaches Fiepen dringt aus der eigens von den Tierpflegern gezimmerten Geburtsbox. Das Junge ist bei der Geburt gerade einmal hundert Gramm schwer, nackt und blind. Yang Yang verbringt die ersten zwei Monate mit Fu Long (»Glücklicher Drache«) in der Box, bevor das Bärchen Mitte Oktober das erste Mal das Licht der Schönbrunner Außenwelt erblickt.

Fu Hus erster Geburtstag.

Gepard

Wie es im Vertrag mit der Volksrepublik China von Anfang an vorgesehen war, übersiedelte Fu Long, nachdem er zwei Jahre alt geworden und damit auch von seiner Mutter entwöhnt war, im November 2009 in die Pandazucht- und Forschungsstation in Bifengxia in der südchinesischen Provinz Sichuan. Doch allzu lange mussten die vielen Tausend Panda-Fans nicht warten. Im August 2010 kam mit Fu Hu (»Glücklicher Tiger«) der nächste Wiener Panda zur Welt, der – wie schon sein Bruder – die Zoo-Besucher mit seinem Aussehen und seinen tapsigen Bewegungen entzückt.

15.00 Uhr Dreimal pro Woche werden die Geparden fit gehalten, wenn sie – etwa so oft wie in freier Wildbahn – ihr Futter bekommen. Denn um das Fleisch müssen sie sich schon selbst bemühen, wird es ihnen doch nicht einfach vorgelegt, sondern an einem Seilzug befestigt, der dann wie ein Beutetier quer durch das Außengehege beim Kaiserpavillon rauscht.

Der Gepard ist das schnellste Landsäugetier der Welt. Auf der Jagd nach Beute kann er in freier Wildbahn innerhalb von drei Sekunden eine Geschwindigkeit von mehr als hundert Stundenkilometern erreichen. Der natürliche Lebensraum des Geparden ist Süd- und Ostafrika, der Mittlere Osten sowie Südasien. Aufgrund der Dezimierung von Beutetieren und der Einschränkung seines Lebensraums zählt er zu den gefährdeten Arten. Deshalb beteiligt sich der Tiergarten Schönbrunn auch am Europäischen Erhaltungszuchtprogramm (EEP) für Geparde.

Bei den Afrikanischen Elefanten, die ebenfalls um 15.00 Uhr gefüttert werden, ist Vizedirektor Harald Schwammer der wissenschaftliche Koordinator des Europäischen Erhaltungszuchtprogramms (EEP). Damit ist Schönbrunn der Knotenpunkt des internationalen Netzwerks für die Nachzucht der größten Landsäugetiere. Wichtigste Aufgabe ist die Führung des sogenannten Zuchtbuchs. Darin werden alle Individuen einer Tierart, die in den am Zuchtprogramm teilnehmenden Zoos leben, und ihre jeweiligen Verwandtschaftsgrade verzeichnet. Der Koordinator entscheidet in Zusammenarbeit mit einem Komitee, welche Tiere zur Zucht zugelassen und in welchen Zoos sie zusammengeführt werden. Der Standard der Anlage, in der die Tiere gehalten werden, und die Art und Weise, wie sie gepflegt werden, können von den Leitern solcher Erhaltungszuchtprogramme maßgeblich beeinflusst werden.

Den Nachweis der Fähigkeiten in Tierpflege, Nach- und Aufzucht hat Schönbrunn nachdrücklich erbracht. Am 25. April 2001 kam mit Abu der erste künstlich gezeugte Elefant Europas zur Welt. Abu hatte seine Geburt nicht nur seiner Mutter Sabi und der intensiven Betreuung durch die Pfleger während der knapp zweijährigen Schwangerschaft zu verdanken, sondern primär einer Gruppe von Wissenschaftlern in Deutschland, Großbritannien und Österreich. Erst durch die gemeinsamen Anstrengungen des Berliner Instituts für Zoo- und Wildtierforschung und des Teams rund um Harald Schwammer konnte der frisch aus England eingeflogene Samen des Vaters Tembo (aus dem Zoo von Colchester) der Mutter Sabi in Schönbrunn eingesetzt werden. Allerdings erst im zweiten Anlauf, eine erste Befruchtung im Juni 1999 war noch fehlgeschlagen. Da es in Europa derzeit nur wenige zuchtfähige Afrikanische Elefantenbullen gibt und ein Transport der schweren Tiere mit ebenso vielen Risiken und Gefahren verbunden ist wie ihre nur vorübergehende Eingliederung in eine neue Gruppe von Kühen, ist die künstliche Befruchtung der sicherste und schonendste Weg, Nachzuchten bei Afrikanischen Elefanten zu erzielen.

Die Voraussetzungen für die natürliche und artgerechte Entwicklung einer ganzen Elefantenherde wurden im Tiergarten Schönbrünn bereits 1996 geschaffen: Damals wurde die Freianlage auf die Größe eines Fußballfeldes erweitert, womit die Tiere einen entsprechenden Aktionsradius bekamen.

Jungbulle Abu wurde über Nacht zum Publikumsliebling. Seine Morgenwäsche mit Schlauch und Planschbecken lockte Schulklassen wie erwachsene Tiergartenbesucher in hellen Scharen an. Doch das Bad diente nicht nur dem Vergnügen von Elefantenkalb und Menschenkindern: Frisch geduscht, suchte Abu sofort nach der nächsten Schlammlacke, wälzte sich darin und tauchte kopfüber mit seinem Rüssel hinein. Der Grund: Elefanten haben eine sehr sensible Haut, Dusche und Schlammbad sind für ihre Pflege unerlässlich. Die Dusche schützt die Haut vor dem Austrocknen, die Schlammpackung pflegt sie und macht sie geschmeidig. Außerdem ist der Schlamm ein Schutz gegen die Sonne und lästige Insekten. Wenn die Schlammschicht eintrocknet und von den Elefanten abgerieben wird, wirkt sie wie ein Peeling: Schmarotzer, die sich in den Hautfalten der Tiere festgesetzt haben, werden entfernt. Die ersten Ausflüge in das Freigehege, wohl behütet von Mutter Sabi, wurden in der Tagespresse mit Schlagzeilen vermeldet.

Bei Elefanten wird die aus erwachsenen Weibchen und Jungtieren bestehende Gruppe von einer erfahrenen älteren Elefantenkuh angeführt. Die Bullen leben in Kleingruppen oder als Einzelgänger; beide Geschlechter besitzen Stoßzähne. Die grauen (aber gar nicht rauen) Riesen haben einen ausgeprägten Bewegungsdrang. Im Sommer legt jedes Tier pro Monat in der Schönbrunner Freianlage Strecken zwischen 135 und 282 Kilometer zurück. Auch nach Sonnenuntergang sind die Elefanten höchst aktiv. Sie schlafen in Intervallen von 30 bis 180 Minuten und unterbrechen ihre

Nach Abus »Cousine« Mongu im Jahr 2003, eine diesmal auf natürlichem Weg erfolgte Zucht des eben erst geschlechtsreif gewordenen Jungbullen Pambo mit der etwas älteren Tonga, stand 2010 eine weitere Geburt ins Elefantenhaus. Am 6. August um 7.45 Uhr kam ein kleiner Baby-Elefant zur Welt. An seinem ersten Lebenstag – oben drei Stunden nach der Geburt – brachte der Bulle stolze 112 Kilogramm auf die Waage und hatte ein Schulter-Stockmaß von 93 Zentimetern. Bereits kurze Zeit nach der Geburt, die völlig problemlos verlief, folgte das Elefantenkalb seiner Mutter Numbi auf seinen noch etwas wackeligen Beinen. Auch Tuluba (»Große Ohren«) ist das Ergebnis einer kontinentalen Kooperation. Er war – noch im Bauch seiner Mutter – im Dezember 2009 vom Wuppertaler Zoo nach Schönbrunn übersiedelt.

Wie wohl sich Tuluba in Wien fühlt, lässt sich daran ermessen, dass er sich auch in der kalten Jahreszeit gerne im Außengehege herumtreibt: Als er im Winter 2010 zum ersten Mal vorsichtig einen Fuß nach dem anderen in die weiße Pracht setzte, versuchte er mit dem Rüssel etwas Schnee hochzuheben und ihn zu kosten. Schon nach kurzem Zögern erkundete Tuluba ebenso ausgelassen wie selbstverständlich den verschneiten Elefantenpark, hinterließ seine Fußabdrücke und steckt schließlich sogar seinen Kopf in den kalten Schnee. Kaiser Franz I. Stephan hätte seine Freude an dem Anblick gehabt.

Nachtruhe immer wieder zum Fressen und für soziale Kontakte. Den behäbig wirkenden Tieren genügen insgesamt zwei bis fünf Stunden Schlaf pro Nacht. Weitere Kennzeichen der Afrikanischen Elefanten sind die riesigen, für die Wärmeregulierung bedeutsamen Ohren sowie die zwei Greiffinger an der Rüsselspitze. Für das Leben und Verhalten der Elefanten wichtige Faktoren werden in Schönbrunn im Rahmen von wissenschaftlichen Forschungsprojekten untersucht. So beschäftigen sich Veterinärmediziner mit der »Tagesaktivität, Platznutzung und soziale(n) Interaktion der Afrikanischen Elefantenkühe im Tiergarten Schönbrunn« und Zoologen vergleichen die Lautäußerungen von »Afrikanischen *(Loxodonta africanus)* und Asiatischen Elefanten *(Elephas maximus)*«. Ein besonders aufwendiges Projekt gilt der Frage, ob Elefanten aufgrund ihrer enormen Körpergröße wesentliche Unterschiede in ihrem Stoffwechsel zu anderen Säugetieren zeigen, vor allem im Hinblick auf die Regulierung der Körpertemperatur. Was sind die speziellen Anpassungen, die durch ein Körpergewicht von durchschnittlich drei Tonnen notwendig werden? Im Verhältnis zu ihrem riesigen Körpervolumen verfügen Elefanten – relativ gesehen – über eine nur sehr kleine Körperoberfläche, über die sie Wärme abgeben können. Die Wissenschaftler haben mit Hilfe von Infrarotkameras die Ohren der Elefanten im Visier. Über diese können die Tiere die eigene Körpertemperatur regulieren, indem sie Hitze ableiten. Die Forschungsarbeit beschränkt sich übrigens nicht nur auf Europa und auf Afrikanische Elefanten. So unterstützt der Zoo gemeinsam mit dem Verein der Freunde des Tiergarten Schönbrunn auch ein Projekt für Asiatische Elefanten auf Sri Lanka. Dort fordert der Mensch-Tier-Konflikt an den Grenzen der Nationalparks, wo sich viele Reisbauern angesiedelt haben, immer wieder Todesfälle auf beiden Seiten. Deshalb wurden in zwölf Dörfern Meldedrähte installiert, damit die Bauern die Elefanten vertreiben können, bevor sie Schaden anrichten. Teil des Projekts ist es auch, den Gesundheitszustand der Arbeits- und Tempelelefanten zu untersuchen und ihre Haltung zu verbessern.

Koala

16.00 Uhr Als die Menagerie Schönbrunn Mitte des 18. Jahrhunderts gegründet wurde, war der Koala in der westlichen Welt noch unbekannt. Erst am Ende jenes Jahrhunderts erschienen die ersten Schilderungen über ihn. Die Fütterung des heutigen australischen Nationalsymbols steht am späten Nachmittag auf dem Programm. Koalas müssen sich nämlich ihre Zeit genau einteilen, schlafen sie doch gut zwanzig Stunden pro Tag und damit vier Stunden länger als das sprichwörtliche Faultier. Der Grund für diesen wenig aktiven Lebenswandel liegt in ihrer Ernährung. Koalas haben sich im Laufe der Evolution auf Eukalyptus-Blätter kapriziert. Doch diese enthalten Giftstoffe, die sehr sorgfältig verarbeitet werden müssen. Als erstes sorgen die speziell geformten Backenzähne dafür, dass die Blätter geschnitten und zerrissen – und nicht bloß zermalmt – werden. Dadurch entziehen sie den Blättern ihre Feuchtigkeit und zerstören die Zellwände, was die spätere Verdauung erleichtert. Die Feuchtigkeit ist deshalb so wichtig, weil Koalas praktisch ihren gesamten Flüssigkeitsbedarf durch diese Nahrung decken; nicht umsonst bedeutet »Koala« in einer der vielen Aborigines-Sprachen Australiens »trinkt nicht«. Die wenigen Nährstoffe des zermahlenen Blätterbreis werden dann in Magen und Darm aufgenommen. Aber zu diesem Zeitpunkt schlafen die Koalas von Schönbrunn längst schon wieder, während sich die Tierpfleger von Schönbrunn auf einen neuen Tag mit ihren Schutzbefohlenen vorbereiten.

Bei der Fütterung mit Eukalyptus-Blättern: dank ihres speziell geformten Gebisses können die Koalas die Blätter zermalmen.

Die Tierhaltung

Lebenswelten für tierische Wohngemeinschaften

Oben: Weißstirnamazonen

Gegenüber: Magot oder Berberaffe und ein Mähnenspringer

Die Gehege und Grossanlagen als Ausdruck des ökologischen Wandels

Ein Paradoxon ist keine schlecht erforschte Tierart, sondern eine sehr zutreffende Bezeichnung für den Tiergarten Schönbrunn. Auf der verhältnismäßig kleinen, für einen Großstadtzoo aber durchschnittlichen Fläche von siebzehn Hektar – von den alten europäischen Großstadtzoos erstreckt sich lediglich der Berliner Zoo im Zentrum der deutschen Hauptstadt über mehr als dreißig Hektar – sind nicht nur achttausend Tiere untergebracht, sondern auch Teile eines Weltkulturerbes. Der Tiergarten kann demzufolge nicht einfach nach zoologischen Kriterien über die Bebauung der Fläche entscheiden, sondern muss auch die konservatorischen Bedingungen eines Welterbedenkmals nach den UNESCO-Richtlinien beachten. Das fasziniert zwar Touristen aus aller Welt, ist aber Zootieren egal, die optimal untergebracht werden müssen. Dass es in den letzten zwanzig Jahren gelungen ist, diese beiden – nicht nur auf den ersten Blick gegensätzlichen – Ansprüche unter einen Hut zu bringen, zählt zu den ganz großen Leistungen von Helmut Pechlaner und Dagmar Schratter mit ihren Teams. Kreativität und Flexibilität sind aber auch in Zukunft gefordert, denn das Wissen um die Lebensgewohnheiten und Bedürfnisse der Tiere wächst ständig, und auch die Besucher stellen immer neue Ansprüche.

Ein Rundgang durch die in den letzten zwei Jahrzehnten adaptierten beziehungsweise neu errichteten Gehege macht deutlich,

Oben: Gut getarnte Zebras in ihrem Gehege vor dem Kaiserpavillon.

wie aufwendig, gleichzeitig aber auch lohnend diese Anstrengung ist. Und der Rundgang offenbart auch Einblicke in die Geschichte der Tierhaltung des letzten Viertel Millenniums.

Als Kaiser Franz I. Stephan 1752 die Menagerie von seinem lothringischen Landsmann Jean Nicolas Jadot de Ville-Issey errichten ließ, entsprach der Entwurf den modernsten Erkenntnissen seiner Zeit. Die Tiere waren in ummauerten Gehegen mit einem kleinen Haus als Unterstand untergebracht. Der aufgeklärte Mensch als Krone der Schöpfung stand im Mittelpunkt – hier manifestiert durch den zentralen Kaiserpavillon – und überblickte das Treiben im Tierreich. Man muss sich vergegenwärtigen, wie Tiere bis dahin üblicherweise gehalten und zur Schau gestellt wurden, etwa in Hirschgräben oder Bärengruben in der Nähe von Städten und Adelssitzen. Manche Straßenbezeichnungen weisen heute noch darauf hin wie der Große und der Kleine Hirschgraben in Frankfurt am Main. Und in der Schweizer Hauptstadt Bern werden bis heute die namensgebenden Braunbären in einem großen, an einem Abhang gelegenen Gehege vor der Altstadt gehalten, das allerdings mittlerweile nichts mehr mit der ursprünglichen mittelalterlichen Bärengrube zu tun hat, sondern ein nach neuen Richtlinien ausgestattetes Gehege ist.

In Wien verdeutlicht die Hetzgasse, dass es noch ganz andere Spektakel gab als Bärengruben oder Wandermenagerien. Im »Hetz-

Die Kormoran-Insel bietet nicht nur den Fischjägern ein angemessenes Biotop. Auch freilebende Graureiher gesellen sich gerne dazu – vor allem zur Fütterungszeit …

theater« wurden noch bis 1796 zum Gaudium des Publikums blutige Tierkämpfe und Tierhetzen präsentiert. Das Amphitheater im heutigen dritten Wiener Gemeindebezirk bot Sitzplätze für dreitausend Besucher, die nicht wenig Geld bezahlten, um sich darüber zu amüsieren, wie Stiere, Bären und gelegentlich auch Großkatzen von Hunden und Menschen »gehetzt« wurden oder in der Arena gegeneinander antraten. Wie tief diese fragwürdigen Schauspiele im Bewusstsein der Wiener verankert geblieben sind, mag man an dem im Wiener Dialekt immer noch gebräuchlichen Ausdruck »des is a Hetz« für »ein großes Vergnügen« ermessen. Ebenso präsent ist übrigens Menagerie-Architekt Jean Nicolas Jadot im Wiener Stadtbild geblieben. Er entwarf die Pläne für die Aula der alten Universität, heute Sitz der Akademie der Wissenschaften, und für den Ausbau der Kapuzinergruft.

Der Tirolerhof – die Vorderseite (oben) und drinnen der Verkaufsraum des Biobauern (unten).

Apropos paradox: das älteste Objekt des heutigen Tiergartens ist älter als der Tiergarten selbst – gehört allerdings zu den Innovationen aus jüngerer Zeit. Oberhalb des historischen Teils des Tiergartens steht in den schattigen Ausläufern des Wienerwalds der sogenannte Tirolerhof, in dem seltene, bedrohte heimische Nutztierrassen gepflegt und gezüchtet werden. Mit bürgerlichem Namen heißt das Gebäude Haidachhof und wurde 1722 in Brandenberg nahe Kufstein errichtet: ein für die Region des Unterinntals typischer zweigeschossiger Einhof, bestehend aus Wohnräumen sowie einem Stall- und Wirtschaftstrakt. Ein »elendiglich langwieriger Erbschaftsstreit« (Franz Fischler) führte dazu, dass der »schönste Bauernhof Tirols« – so seinerzeit der oberste Denkmalschützer des Landes Tirol, Franz Caramelle – verkam, aber wegen der konservatorischen Auflagen nicht abgerissen werden durfte. Der damalige Landwirtschaftsminister und nachmalige EU-Kommissar Franz Fischler gewann seinen Tiroler Landsmann Helmut Pechlaner für einen gewagten Plan: 1993 wurde der Haidachhof Stück für Stück abgetragen und unweit der Gloriette im Schlosspark von Schönbrunn wieder zusammengesetzt.

Damit erwarb der Tiergarten eine einzigartige Attraktion, die nun auch wieder ihrer Bestimmung entsprechend verwendet wird. In den Stallungen gedeihen im nostalgischen Ambiente des Schlossparks Tiere mit mindestens ebenso altertümlich klingenden Namen wie die Tauernschecken-Ziege, das Kärntner Brillen- und das Tiroler Steinschaf. Die Rinder stammen hier aus dem Montafon (Braunvieh) und dem Zillertal (Tuxer Rind), während nebenan die stämmigen Noriker mit ihren Hufen scharren und die Österreichischen Ganselkröpfer – eine altertümliche Haustaubenrasse mit ausgeprägtem Kropf – um die Wette gurren. Auch der Umgang mit diesen Tieren wird anschaulich präsentiert. Der Tirolerhof vermittelt den Besuchern somit die älteste Form der Tierhaltung durch den Menschen, nämlich die Landwirtschaft.

Es bleibt paradox. Der Haidachhof ist nicht das erste Tiroler Gebäude an dieser Stelle. Erzherzog Johann (1782–1859), ein Bruder von Kaiser Franz I., ließ 1802 ein »Inntaler Bauernhaus« im Schlosspark erbauen. Er legte einen Obstgarten an, den er selbst betreute, und richtete eine kleine Viehwirtschaft ein, die er von einem Schweizer Senner bewirtschaften ließ. Historiker stellen einen Zusammenhang zwischen der Errichtung des Gebäudes und der »jäh aufflammenden Vorliebe zu Tirol, mit der Tyrolienne-Mode, mit den Tirolern auf der Bühne und im Lied« her. Der Hof war später der Lieblingsspielplatz des Herzogs von Reichstadt, Sohn von Napoleons und Erzherzogin Marie Louises, der im Alter von 21 Jahren im Schloss Schönbrunn an der Tuberkulose verstarb. Auch anderen Kindern der Habsburger diente der »Tirolergarten« zum Herumtollen – daran erinnert noch die Spielhütte von Kronprinz Rudolf (1858–1889) gegenüber dem Gasthaus Tirolergarten. Die Tiroler Prägung des Geländes wirkte fort: 1874 ließ Kaiser Franz Joseph I. für seine Frau, Kaiserin Elisabeth, ein neues Tiroler Haus aufstellen, das Sisi bei der Weltausstellung im Jahr 1873 im

Von oben nach unten: Montafoner Braunvieh, Noriker, Tauernschecken Ziege.

Prater in Wien besonders schön gefunden hatte. Hier wurden dann auch die von Kaiserin Elisabeth immer persönlich ausgesuchten »Hof-Milchkühe« eingestellt. Das neben dem Tirolerhof gelegene Gasthaus Tirolergarten wurde den Plänen des ursprünglichen Tirolerhofes von Erzherzog Johann nachempfunden und ist seit 1997 in Betrieb.

Im Schlosspark von Schönbrunn waren Tiere und Pflanzen aus allen Erdteilen vertreten. Die dafür nötigen Behausungen mussten von Zeit zu Zeit modernisiert oder ganz erneuert werden. So entstanden unter Kaiser Franz Joseph I. in den 1880er-Jahren das Neue Palmenhaus und schräg gegenüber 1904 das Sonnenuhrhaus, in dem Wärme liebende Pflanzen aus Australien, Südafrika, sowie Nord- und Südamerika untergebracht waren. Seit 2003 wird das Gebäude zusammen mit den Österreichischen Bundesgärten, die für den Besatz mit Pflanzen verantwortlich sind, als Wüstenhaus betrieben. Die Anlage repräsentiert 35 Prozent der Erdoberfläche. Diesen hohen Anteil nämlich nehmen Wüsten, Steppen und Trockensavannen auf unserem Planeten ein. In diesen vermeintlich so abweisenden Regionen haben Pflanzen und Tiere allerdings ganz erstaunliche Überlebensstrategien entwickelt, von denen sich einige Repräsentanten im Wüstenhaus bestaunen lassen. So gedeiht unter dem Hietzinger Himmel die *Agave americana*. Sie blüht zwar nur alle dreißig Jahre, dann aber auf sehr auffallende Art und Weise. Der Blütenstand erreicht eine Höhe von mehreren Metern, bei dem Schönbrunner Exemplar waren es 2009 gleich sechs Meter.

Rechts: Ziesel

Unten: Nacktmull

Die wahrscheinlich spektakulärsten Gäste im Wüstenhaus sind die Nacktmulle. Dank eines ausgeklügelt angelegten Modellbaus mit einer großen Scheibe können die Besucher tief in das Gangsystem der

ostafrikanischen Nagetiere blicken. Diese leben nämlich blind und nackt unter der Erde in Kolonien, die Ameisen- oder Bienenstaaten ähneln. Eine einzige Königin sorgt für den Nachwuchs des gesamten Kleinstaates, die anderen Mitglieder der Gemeinschaft begnügen sich mit Hilfsdiensten. Weitere Tiere und Pflanzen mit einem Platz an der Sonne bei oft authentischen vierzig Grad Celsius sind der Kurzohrrüsselspringer (womit alle markanten Eigenschaften dieses Kleinsäugers zusammengefasst sind), Echsen, Käfer und Kuriositäten wie »lebende Steine« aus der Gattung der Mittagsblumengewächse sowie eine angeblich achthundert Jahre alte *Welwitschia mirabilis*, eine ebenso wahrhaft wundersame wie unansehnliche Pflanze aus den Wüsten Namibias. Sie deckt den Flüssigkeitsbedarf ihres einzigen Blattpaares ausschließlich über Tau, den die oberflächennahen Feinwurzeln aufnehmen. Den ihrem Aussehen angemessen eigenwilligen Namen verdankt die Pflanze dem 1806 im Kärntner Maria Saal geborenen Afrikaforscher Friedrich Welwitsch.

Das Wüstenhaus.

Das klimatische Gegenstück zum Wüstenhaus bildet das Polarium, dessen zeitgemäßer Umbau im Mai 2004 eröffnet wurde: Pinguine leben darin unabhängig von sommerlichen Hitzewellen. Profitieren können aber von dem Bau auch die Besucher, erleben sie doch die flinken Schwimmer dank der verglasten Beckenwand quasi auf

Augenhöhe. Dank des Einbaus modernster Haustechnik mit Energierückgewinnungssystemen kann das Polarium auch sehr energieeffizient und wirtschaftlich betrieben werden. Es repräsentiert einen Grundgedanken der modernen Tiergärtnerei wie er von dem Schweizer Pionier der Tiergartenbiologie Heini Hediger formuliert wurde: »Der Zoo ist eine Ausstellung an der Schnittstelle zwischen Natur und Kultur, Mensch und Tier, Zivilisation und Wildnis und zugleich ein architektonischer Raum, um diese Schnittstelle zu inszenieren.« Erste Ambitionen in diese Richtung finden sich bereits bei den überwiegend vom Bürgertum getragenen Zoogründungen des 19. Jahrhunderts, als die Tiergärten durchwegs als Landschaftsparks mit integrierter Architektur gestaltet wurden. 1863 eröffnete die Hamburger Unternehmerfamilie Hagenbeck im Vergnügungsviertel von St. Pauli eine Tierschau, die zunächst noch im Geist der benachbarten Jahrmarktsattraktionen stand. Carl Hagenbeck jun. übersiedelte schließlich 1907 die inzwischen stark angewachsene Einrichtung in den heutigen Hamburger Stadtteil Stellingen, wo er den ersten Tierpark der Welt mit gitterlosen Freianlagen

Mähnenrobben

errichtet hatte. Scheinbar natürliche Barrieren wie Wassergräben und Felsen trennten sowohl die Besucher von den Tieren als auch die Tierarten untereinander und gestatteten Einblicke in die Lebenswelten der Tiere ohne störende Architekturelemente.

In Schönbrunn wurde der Bau gitterloser Freianlagen erst nach dem Zweiten Weltkrieg aufgegriffen; aufgrund des internationalen Austauschs der Zoos untereinander wird diese Technik inzwischen aber konsequent weiter entwickelt: Die Zoologen kreieren zusammen mit den Architekten Anlagen als Lebensräume für Arten, die geografisch, klimatisch und ökologisch möglichst viele Gemeinsamkeiten teilen. Auf diese Weise werden nicht nur Synergien in der Gestaltung artgerechter und möglichst naturnaher Gehege erzielt, sondern auch Erlebniswelten für die Besucher geschaffen, in denen ihre eigenen Erfahrungen mit Aufklärung und Wissensvermittlung verschmelzen können. Das kann wiederum dazu beitragen, das Verständnis für den Arten- und Lebensraumschutz zu erhöhen.

Brillenbär

Panzernashorn und – dahinter – eine Nilgauantilope.

Die fünftausend Quadratmeter große Nashorn-Anlage bei der sogenannten Neptun-Kassa – der beim Neptun-Brunnen im Schlosspark gelegene Eingang in den Tiergarten – ist ein gutes Beispiel für dieses Konzept. Gemeinsam mit anderen asiatischen Großtierarten, Nilgauantilopen, Hirschziegenantilopen und Axishirschen, sind dort zwei beeindruckende Panzernashörner mit jeweils gut zwei Tonnen Gewicht untergebracht. In ihrer Heimat im Nordosten Indiens und in Nepal leben nur noch etwa 2400 dieser so urtümlich wirkenden Dickhäuter. Die Wiener Tiere Sundari und Jange stammen aus dem Chitwan-Nationalpark im Süden Nepals und wurden als Waisen von Pflegern aufgezogen, nachdem ihre Mütter von Wilderern erschossen worden waren.

Bei dem im Frühsommer 2010 eröffneten Südamerika-Park orientierten sich die Planer an dem Konzept der Immersion: Die Zoo-Besucher sollen so weit wie möglich in die Landschaft eindringen können, ohne die Mitglieder der tierischen Wohngemeinschaft dabei zu stören. Auf 3500 Quadratmetern leben Große Ameisenbären, Flachlandtapire (rechts unten), Vikunjas (rechts oben), Wasserschweine und südamerikanische Vögel wie die Nandus (links unten) und die Seriemas (links oben), die letzten Nachkommen fleischfressender, flugunfähiger Riesenkraniche, die vor rund dreißig Millionen Jahren Südamerika bevölkerten – unter Zoologen leger als »Terrorvögel« bekannt. Seriemas übernachten zwar auf Bäumen, sind aber schlechte Flieger. Schreckt man sie auf, fliehen sie zu Fuß. Das Freigehege ist landschaftlich einer hügeligen, von Bächen und Teichen durchzogenen Pampa nachempfunden. An den Rändern befinden sich zwei Tierhäuser. Das östlich gelegene Haupthaus steht für Besucher offen und dient als Winterquartier. Die Vikunjas – ein in den Hochanden lebendes Kleinkamel – und die Nandus kommen ohne beheizte Innenräume aus, weil sie in Südamerika unter ähnlichen Klimabedingungen leben (Nandus, die im Jahr 2000 aus einem Tierpark entkommen sind, sind gerade dabei, sich in Schleswig-Holstein und Mecklenburg-Vorpommern als zugewanderte Tierart zu etablieren, indem sie erfolgreich dem norddeutschen Winter trotzen). Die Tribüne auf dem Dach des zweiten Hauses ermöglicht Einblicke in alle Winkel des Südamerika-Parks (unten).

Das Regenwaldhaus.

Im Regenwaldhaus werden die Besucher vollständig von der Natur umfasst. Im Jahr 2002 anlässlich des 250-Jahr-Jubiläums des Tiergartens eröffnet, ist in dem Komplex der Lebensraum des südostasiatischen Regenwaldes nachgebildet. Säugetiere wie Zwergotter und Kleinkantschil – der kleinste Paarhufer der Welt aus der Familie der Hirschferkel –, Vögel wie Fruchttauben und Elfenblauvögel, Fische wie Schützenfische und Schlammspringer, Reptilien wie Dunkle Tigerpythons sowie diverse Amphibien- und Insektenarten leben in diesem Ausschnitt des Bergregenwalds. Furchtlose Gäste können sich in der abgedunkelten Fledermausgrotte von den kleinen nachtaktiven Flugsäugern umflattern lassen. Den Besucher erwarten neben den etwa vierhundert Pflanzen- und sechzig Tierarten auch Gewittersimulationen und ein Infozentrum, das über den Regenwald und seine Bewohner informiert Auf mehr als eintausend Quadratmetern wird einer der artenreichsten Lebensräume dieser Welt erlebbar. Nebelschwaden ziehen über den schmalen Holzsteg, im

Die Fledermaushöhle im Regenwaldhaus.

dunklen Teich darunter zeichnen sich die Umrisse von Wasserschildkröten ab, ein aufziehendes Gewitter schickt sein mächtiges Grollen voraus. Dahinter steckt eine aufwendige Haustechnik mit komplizierter Computersteuerung. Heizungsröhren in Glasdach, Wand, Fußboden und Erdreich garantieren eine ganzjährige Mindesttemperatur von 25 Grad Celsius bei ungefähr achtzig Prozent Luftfeuchtigkeit. Und so kommt es zu Begegnungen der besonderen Art, wenn nämlich an einem Wintertag die Indischen Riesenflughunde im Inneren des Gebäudes bequem an der Glasdecke baumeln, während sich die Lachmöwen bei einem winterlichen Besuch im Tiergarten Schönbrunn auf der Fassade die Schwimmhäute wärmen.

Im Regenwaldhaus.

Unweit des Haupteingangs liegt das Aquarien- und Terrarienhaus, das die Besucher durch den Kroko-Pavillon, eine Halle mit achteckigem Grundriss, betreten. Blickfang und zentrales Element ist hier ein riesiges Aqua-Terrarium mit tropischer Uferlandschaft, in dem mittelamerikanische Beulenkrokodile leben. Es ist ebenso zum Schutz der Besucher wie der Tiere mit hohen Glasflächen umgeben, die von mehreren Seiten Einblick bieten. Die Krokodile können auch unter Wasser gut bei ihren Tauchgängen beobachtet werden. Direkt an die Anlage der Krokodile grenzt das Innengehege der Riesenschildkröten, denen ein fünfzig Zentimeter tiefer Badeteich zur Verfügung steht. Eine der Seychellen-Riesenschildkröten ist übrigens der älteste Bewohner des Tiergarten Schönbrunn: »Schurli« lebt seit 1953 im Zoo und ist über hundert Jahre alt. Neben den Krokodilen und Schildkröten lassen sich im Pavillon auch viele kleinere Tiere, darunter Dutzende frei fliegende tropische Schmetterlinge, entdecken.

Oben: Beulenkrokodil

Unten: Wickel-Schwanz-Skink

Im rechten Flügel des Aquarien-Terrarienhauses stößt man zuerst auf sechs kleinere Aquarien. In ihnen leben Lurche, die selten oder nie das Wasser verlassen, darunter Raritäten wie der größte Lurch der Welt, der Chinesische Riesensalamander. Er kann eine Länge von bis zu 180 Zentimetern erreichen. In einem Aquarium mit niedrigem Wasserstand in der Mitte des Besucherraumes leben Pfeilschwanzkrebse – lebende Fossilien, deren Vorfahren vor achtzig Millionen Jahren schon genauso ausgesehen haben.

Den tropischen Meeren sind die nächsten vier Aquarien gewidmet. Seeanemonen und verschiedene Arten giftiger Feuerfische beeindrucken durch ihre Farbenpracht. Das größte Salzwasserbecken, ein 80 000 Liter fassendes Aquarium, in dem ein gewaltiges lebendes Steinkorallenriff und hunderte Fische aus dem Indopazifik bestaunt werden können, vermittelt einen anschaulichen Eindruck

Das Aquarien- und Terrarienhaus, die erste Anlage dieser Art in Schönbrunn, wurde 1959 eröffnet und galt als eines der modernsten und innovativsten Aquarienhäuser seiner Zeit. Vierzig Jahre später, von 1998 bis 2000, wurde es erstmals generalsaniert und dabei auch umgestaltet. Da aber gerade in der Aquaristik und Terraristik die technischen Möglichkeiten und Standards einem ständigen Wandel unterworfen sind, werden die Anlagen seither laufend überarbeitet und auf dem neuesten Stand gehalten. Oben ein Pfauen-Kaiserfisch und ein Seeigel, unten ein Rotfeuerfisch.

Neben dem großen Mittelmeerbecken werden in einem speziellen Strömungsaquarium Quallen gezeigt, deren Pflege und Vermehrung in Zoos als besonders aufwendig gilt. Die grazilen und transparenten Nesseltiere schweben mit pumpenden Bewegungen durch das Wasser; durch eine spezielle Spiegelkonstruktion wird der sphärische Eindruck noch verstärkt.

vom artenreichsten Lebensraum der Erde. Die anmutigen Seepferdchen nebenan fühlen sich in ihrer neuen Anlage so wohl, dass es regelmäßig Nachwuchs gibt, der von den Männchen nicht nur aufgezogen, sondern sogar ausgetragen wird.

Ein riesiges Tunnelaquarium mit 130 000 Litern verbindet den Aquarienbereich des Hauses mit jenem der Terrarien. Rund um diese Röhre leben neben südamerikanischen Welsen und Gabelbärten auch Süßwasserstechrochen, die über den Köpfen der Besucher elegant von einer Seite des Tunnels auf die andere gleiten.

Im Terrarienhaus sind zunächst drei Schlangenarten zu sehen: Die Riesenschlangen werden durch die gelbe Anakonda vertreten. Diese Wasser liebende Schlange ist fast immer beim Tauchen zu entdecken. Auch Vertreter zweier hochgiftiger Schlangenarten, der Kobras und der Tropischen Klapperschlangen, können gefahrlos aus nächster Nähe betrachtet werden. Die Skorpion-Krustenechse, die einzige giftige Echse der Welt, teilt sich ihr Terrarium mit den Colorado-Kröten, deren Hautgift als bewusstseinserweiternde Droge verwendet wird. Farbenprächtige Pfeilgiftfrösche – einige dieser nur wenige Zentimeter großen Frösche gehören zu den giftigsten Tieren der Welt – können in einem großzügigen Regenwald-Terrarium beobachtet und seit kurzem auch belauscht werden: Ihr Quaken wird über spezielle Lautsprecher in den Besucherraum übertragen. Durch ein langes, durchsichtiges

Eine verglaste Kanzel an der Außenwand des Aquarienhauses ermöglicht einen Blick auf das Gehege der Roten Flamingos, deren Brutinsel sich in unmittelbarer Nähe befindet. In keinem anderen Zoo kann man diesen anmutigen Vögeln aus so geringer Entfernung bei der Aufzucht der Jungtiere zusehen.

Röhrensystem quer durch das Terrarienhaus laufen emsige Blattschneiderameisen zu ihren Erntekammern. Dort zerschneiden sie Blätter und tragen die Teile in ihr Nest. Die gut organisierten und hoch spezialisierten Tiere füttern damit einen speziellen Pilz, den sie hegen und pflegen, dient er ihnen doch als einzige Nahrungsquelle.

Das größte und eindrucksvollste Terrarium wird von den Nashornleguanen bewohnt. Diese vom Aussterben bedrohte Reptilienart aus der Karibik kann über einen Meter lang und zehn Kilo schwer werden. Direkt neben ihrem Gehege führt ein schwarzer Vorhang in den Nachtbereich des Hauses. Dort kann man in künstlichem Mondlicht nach nachtaktiven Tieren wie Blumenfledermäusen, Salomonenskinken und Kaiserskorpionen Ausschau halten. Blumenfledermäuse ernähren sich hauptsächlich von Blütensäften. Wie Kolibris lecken sie mit ihren langen Zungen fliegend Nektarlösungen aus den Futterautomaten. Wer genau hinschaut, kann diese etwa fünf bis neun Zentimeter kleinen Bewohner des amerikanischen Kontinents im Dickicht hin und her sausen sehen.

Nashornleguan

Nicht weit vom Aquarien-Terrarienhaus entfernt befindet sich das Vogelhaus. Es stammt wie das dazwischen liegende Verwaltungsgebäude noch aus dem Gründungsjahr 1752, wurde aber inzwischen mehrfach umgebaut. Die beiden Freiflughallen mit Bewohnern aus der afrikanischen Savanne und den südamerikanischen Tropen ermöglichen einen barrierefreien Ausflug in diese exotischen Lebensräume. Allerdings gibt es im Haus nicht nur Singvögel wie den Weißstirnspint zu sehen, sondern auch Kugelgürteltiere bei der Nahrungssuche, Blaustirn-Blatthühnchen im Badeteich oder Faultiere, die sich gemächlich ihr Futter oder einen gemütlichen Schlafplatz suchen. Gleich beim Eingang teilen sich Rotspiegelamazonen und Kugelgürteltiere, die sich innerhalb kürzester Zeit zum Schutz vor Feinden in gepanzerte Bälle verwandeln können, ein Gehege. In der hellen, luftigen, trockenen afrikanische Savanne mit

Kugelgürteltier

ihren Akazien, Gräsern, sukkulenten Pflanzen und hartlaubigen Sträuchern basteln emsige Feuerweber ihre kunstvoll geflochtenen Kugelnester und wandeln Blatthühnchen dank ihrer riesigen Füße über das Wasser. Von hier sind es dann nur wenige Schritte in die dunklen, üppig bewachsenen, feuchtschwülen südamerikanischen Tropen.

Die Lieblingsnahrung vieler Vögel wird in einem anderen Gebäude im Ostteil des Tiergartens gezeigt. Im 2005 eröffneten »Haus der Schrecken« werden die seltsamsten Heuschreckenarten und ihre skurrilen Verwandten präsentiert. Auf 120 Quadratmetern leben in insgesamt vierzehn Terrarien so bizarr anmutende Tiere wie die Grünen Riesengespenstschrecken, die mit einem Gewicht von fünfzig Gramm die schwersten Insekten der Welt sind. Hier lassen sich die diversen Abwehrstrategien gut vergleichen. Während manche Schreckenarten wie etwa die Schaumschrecke, die Harlekinschrecke oder die Regenbogenschrecke auf heftige Farben zur Abschreckung setzen, tarnen sich Stabschrecken und Wandelnde Blätter durch eine fast völlige Angleichung an die Umgebung.

Jamaika-Amazone

Die Anpassung an die Umgebung ist letztlich auch jene Anforderung, der die Schönbrunner Zoo-Gestalter gerecht werden müssen. Die UNESCO reagiert ausgesprochen ungehalten, wenn gegen die Richtlinien der Weltkulturerbe-Konvention verstoßen wird, aber auch der heimische Denkmalschutz ist ein strenger Wächter des historischen Ambientes. Der im Mai 2009 abgeschlossene Umbau der Tiergarten-ORANG.erie dokumentiert sehr eindrücklich, mit wie viel Können, Entschlossenheit, Sachkenntnis und Fingerspitzengefühl Objekte und Flächen des imperialen Schlossparks für den modernen Zoo-Betrieb adaptiert werden können. Das älteste noch erhaltene Gewächshaus von Schönbrunn, das jahrzehntelang von Privatunternehmen, dem ORF und schließlich der Filmakademie als Studio benutzt wurde, beherbergt nun nicht nur die neue

Orang-Utan-Anlage mit einem 750 Quadratmeter großen Freigehege, sondern auch einen imposanten Veranstaltungssaal und das wegen des angeschlossenen Spielplatzes besonders bei Besuchern mit Kindern beliebte Café Atelier Nonja. Erstnutzer des tierischen Teils waren die Orang-Utans Nonja und Vladimir, die vom historischen Affenhaus in ihr neues Gehege in der ORANG.erie wechselten. Zu ihnen gesellten sich bald Sol, ein junges Orang-Utan-Weibchen aus dem Kristiansand Zoo (Norwegen), und die fast fünfzigjährige Mota aus dem Artis Zoo in Amsterdam. Star der Orang-Utan-Gruppe ist eindeutig Nonja, die seit 2009 mit selbst geschossenen Digital-Fotos auch im Internet vertreten ist. Was als Marketing-Gag in Kooperation mit einem Elektronik-Konzern und zugleich als Beschäftigungsmöglichkeit für Nonja, gedacht war, entwickelte sich binnen kürzester Zeit zu einem Hype auf Facebook. In nur wenigen Stunden hatte Nonja mehrere Tausend Freunde weltweit, bis zum Ende der Aktion im Februar 2010 waren es über 80 000 Fans geworden.

Das adaptierte alte Gewächshaus bietet auch Platz für die Büroräume der Zooschule, die Bibliothek, die Lehrmittelsammlung und die Archivbestände des Tiergartens. Eine Picknick-Zone im Bereich des Cafés Atelier Nonja bildet vor allem einen Anziehungspunkt für Schulklassen.

Die Erfahrungen aus diesem Umbau sind auch gleich für das nächste Projekt von Nutzen. Das historische Affenhaus wird derzeit unter teilweiser Rückversetzung in den Bauzustand des frühen 20. Jahrhunderts revitalisiert und soll im Frühjahr 2012 bezugsfertig sein. Parallel dazu wird seit kurzem das alte Eisbärengehege in das »Franz Josef Land«, einen großzügigen neuen Lebensraum für die Schönbrunner Eisbären, umgebaut. Das Affenhaus geht im Wesentlichen auf die in den Jahren 1906/07 durchgeführte Erweiterung und Neugestaltung eines Vorgängerbaus aus dem Biedermeier zurück. 1930, 1985 und 1998 wurde das Gebäude außen wie innen weiter verändert. Nach Abschluss der Arbeiten werden unter anderem Rote Varis, Kaiserschnurrbarttamarine und Zwergseidenäffchen in ganz neu gestalteten und großzügigen Gehegen umher turnen können: Moderne, artenfreundliche Tierpflege in einem historischen Baujuwel aus der Kaiserzeit – ein Paradoxon eben.

Die berühmteste Orang-Utan-Dame im Tiergarten Schönbrunn: Nonja.

Die Mitarbeiter

Jeder Tag eine Premiere

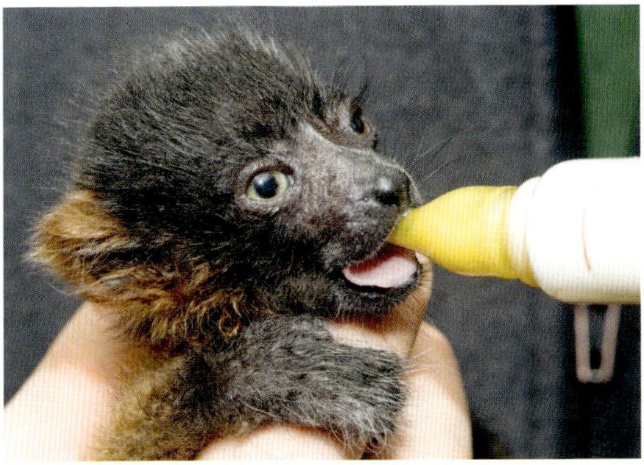

Oben: Roter Vari

Gegenüber: Giraffe

Ein Blick hinter die Kulissen des Tiergartens

Prachtpipra

Qualitätsmerkmal jeder spektakulären Veranstaltung – einerlei, ob es sich um ein Rockfestival, eine Theateraufführung oder die Eröffnung der Olympischen Spiele handelt – ist die (vermeintliche) Leichtigkeit der Performance. Oberste Maxime der Präsentation ist, die Zuschauer nicht merken zu lassen, welche Anstrengungen und Mühen hinter einer stimmigen und eingängigen Inszenierung stecken, anders gesagt: die Bewahrung der Illusion. Bei Bühnenereignissen fokussiert sich diese Aufgabe auf einige wenige oder aber viele möglichst exakt wiederholte Aufführungen. Im Tiergarten Schönbrunn aber ist jeder Tag eine Premiere. Und diese Premiere läuft nach einem unverbindlichen Textentwurf und in einem sich im Rhythmus der Jahreszeiten wandelnden Bühnenbild ab, dessen Hauptdarsteller im Prinzip bekannt, deren Einfälle aber unvorhersehbar sind. Die wirklich beständigen Elemente dieses Festivals der Spontaneität auf dieser Bühne des Lebens sind die Mitarbeiterinnen und Mitarbeiter des Tiergartens.

Der Tag beginnt früh im Tiergarten Schönbrunn. Bereits lange bevor sich die Tore für die Besucher öffnen zieht eine Straßenkehrmaschine ihre Runden. Der Nachtwächter übergibt den eintreffenden Tierpflegern den Schlüsselbund. Im Wirtschaftshof hinter der Waldrapp-Voliere halten die Mitarbeiter eine kurze Besprechung ab. In der Futterküche scheppern bereits Töpfe und werden Kisten gestapelt. An die zweihundert Menschen in Verwaltung, Tierpflege und Technik sind notwendig, damit jeden Tag alles seine Ordnung hat. Der frühe Arbeitsbeginn ist unvermeidlich, denn wenn um neun Uhr die ersten Besucher den Tiergarten betreten, müssen alle wesentlichen Vorbereitungen abgeschlossen sein.

Während sich in den Küchen für Tiere und Menschen die morgendlichen Arbeiten für den Tag auf dem

> Die Futtermeisterei ist eines der Herzstücke des Zoos. Mehr als achttausend Tiere müssen von hier aus mit allen möglichen (und ein paar unmöglich erscheinenden) Nahrungsmitteln versorgt werden. Pro Jahr ernähren sich die Schönbrunner Schützlinge von 84 Tonnen Obst (großteils Äpfel), 140 Tonnen Gemüse (meist Karotten) und 2500 Steigen Salat. 300 Tonnen Heu, 60 Tonnen Stroh und 40 Tonnen Silage landen ebenfalls im Zoo. Für die Fisch- und Fleischfresser stehen 42 Tonnen Fisch (plus eine Tonne Wasserflöhe) und 37 Tonnen Fleisch auf dem Speisezettel sowie 100 000 Eintagesküken, 5500 Kaninchen, 2000 Meerschweinchen, 10 000 Ratten und 70 000 Mäuse. Nachtisch gefällig? 1300 Becher Yoghurt, 600 Kilogramm Beeren und 800 Kokosnüsse runden das Angebot ab. Wenn dann in der Küche die Kartoffeln gedämpft sind und der Reis gekocht ist, werden die ersten Kisten auf Transportwagen mit Elektromotoren verladen und an ihre Bestimmungsorte im Tiergarten gebracht. Fressen auf Rädern, sozusagen.

Höhepunkt befinden, haben sich die Handwerker und Techniker auf den Weg gemacht. Ein Zaun gehört repariert, eine Sitzbank ausgebessert, ein gebrochenes Kabel ausgetauscht. Die Kraftfahrer holen Fleisch vom Schlachthof und bringen Blutproben ins Labor. Tausende kleiner Handgriffe sind notwendig, um diese einzigartige Wiener Attraktion zu betreiben.

Auch die Tierpfleger sind schon früh unterwegs. Längst ist aus der früher gerne als Hilfstätigkeit angesehenen Arbeit ein verantwortungsvoller Lehrberuf mit einer dreijährigen Ausbildungszeit geworden. Veterinärmedizin, Hygiene, Biologie, die Ernährung der Tiere und Psychologie stehen auf dem Unterrichtsplan; im weiteren Verlauf werden die Pfleger auch schon einmal in andere Zoos oder auf Fachseminare geschickt, um sich mit Kollegen auszutauschen. Oberstes Ziel ist es, die Tiere und ihre Bedürfnisse so gut als möglich kennenzulernen, um das Wohlbefinden und die Gesundheit der Tiere zu erhalten. Deswegen kümmern sich die Pfleger auch um die Ausstattung der Gehege, basteln Spielzeuge und animieren die Tiere durch Training. Heikel dürfen die Tierpfleger allerdings nicht sein. Blessuren kommen immer wieder einmal vor.

Tierischer Hunger ist nicht nur auf die Tiere beschränkt: Auch die Besucher wollen gut verpflegt sein, und so bereiten sich in den Morgenstunden die Kellnerinnen und Köche im Kaiserpavillon, im Gasthaus Tirolergarten, im Café Atelier Nonja, im Biergarten, im Café Hietzing und in den zahlreichen Imbissständen auf den Ansturm der Gäste vor.

Kattas mit Revierleiter Alfred Maier.

Von diesen Dingen merken die Besucher aber im Regelfall genauso wenig wie von dem großen technischen Aufwand, der mit dem Betrieb eines Tiergartens verbunden ist. Im Aquarien-Terrarienhaus etwa ist ein Putzroboter im Einsatz, der sich ferngesteuert die für Menschen schwer zugänglichen abgerundeten Glasflächen des Amazonas-Tunnels auf und ab bewegt. Andere Aquarien werden durch Taucher gereinigt. Die für das Wohlergehen von Fischen und Korallen benötigten Apparaturen lagern im Keller des Gebäudes und nehmen nicht viel weniger Platz ein als die Schauräume selbst. Doch hinter den Kulissen geht es deutlich lauter zu. Zwischen den Rohren, Pumpen und Filtern, die für die perfekte Wasserqualität und Hygiene sorgen, stehen Geräte zur Regulierung von Wassertemperatur und Salzgehalt.

Wasser ist auch im Elefantenhaus von enormer Bedeutung. Einen Kubikmeter benötigen die Pfleger pro Tag für das Duschen ihrer Pfleglinge, und zwar wohltemperiert bei 25 Grad Celsius, denn die vermeintlichen Dickhäuter sind recht sensibel. Für ein Vollbad werden 150 000 Liter eingelassen – damit könnte sich ein Mensch drei Jahre lang täglich in die Wanne legen. Aufgeheizt wird das Wasser übrigens mittels einer Solaranlage mit zweihundert Quadratmetern Paneelfläche auf dem Dach des Elefantenhauses.

Die Wasserspiele dienen allerdings nicht allein der Körperpflege und dem Vergnügen der Tiere (und jenem der Zuschauer). Sie sind Teil des Tiertrainings, einer der Säulen der modernen Zootierhaltung. Die Gründe für das Tiertraining sind die Bereicherung des Alltags des Tiere durch mentale Stimulation, die Vereinfachung jeglicher Interaktion mit dem Tier und besonders die stressfreie Durchführung medizinischer Untersuchungen. Dazu werden im Training tierärztliche Untersuchungen wie Ultraschall und Blut - abnahmen simuliert oder kleinere Manipulationen durch die Tierpfleger wie Nagelfeilen oder Gebisskontrolle durchgeführt. Das hilft den Zootieren, diese mitunter notwendigen Maßnahmen im Ernstfall in entspannter Atmosphäre zu bewältigen.

Wird das Training einer neuen Tierart begonnen, werden als erstes die Rahmenbedingungen definiert. Gemeinsam mit dem Tierarzt, dem Kurator und den Tierpflegern legt die Tiertrainerin

Eveline Dungl fest, welche Ziele erreicht werden sollen, wer das Training durchführen wird, an welcher Stelle der Anlage es stattfinden kann und welche Formen der Belohnung denkbar sind. Dann wird ein genauer Trainingsplan erstellt. Die Details des täglichen Trainings werden in einem Protokollblatt festgehalten.

Die Trainingseinheiten dauern nicht länger als zehn Minuten. Trainiert wird nach der Methode der positiven Verstärkung. »Wir bestärken erwünschtes Verhalten mittels Belohnung. Das kann Futter sein oder auch etwas, das das Tier besonders schätzt, wie Bürsten. Unerwünschtes Verhalten wird einfach ignoriert«, erklärt Eveline Dungl. Während der Einheiten ist sowohl vom Tier als auch vom Trainer volle Konzentration gefordert. Daher wird meist außerhalb der Besuchszeit oder hinter den Kulissen geübt. Zu den eifrigsten Trainingspartnern gehören in Schönbrunn unter anderem die Giraffen, die Großen Pandas, die Krokodile, die Krokodil-Tejus (Echsen aus Südamerika), die Panzernashörner und die Elefanten. Trainiert werden auch die Riesenschildkröten und die Orang-Utans. Mit dem Panda-Nachwuchs Fu Long wurde 2009 ein spezielles Kistentraining für seinen Transport nach China geübt. Und die Giraffen lassen dank der Übungen nun Ultraschall-Untersuchungen und die Blutabnahme mit Hilfe von Raubwanzen geduldig über sich ergehen.

Aufgrund dieses Trainings können Forscher beispielsweise auch untersuchen, wie es um die Sohlen der beiden Panzernashörner bestellt ist. Denn ein Hauptproblem bei Panzernashörnern in Zoos sind chronische Entzündungen von tiefen Rissen zwischen der mittleren Zehe und dem weichen Sohlenpolster. Eine Theorie besagt, dass durch harte Gehegeböden das Horn der Zehen und die Sohlenpolster ungleichmäßig und zu stark abgerieben werden, weswegen die Tiere anders auftreten als in freier Wildbahn.

Um diesem Problem zu begegnen, wurde die Innenanlage der Schönbrunner Panzernashörner mit einem dreischichtigen Gummiboden ausgelegt. Darüber hinaus haben die Tiere eine der größten

Freianlagen Europas mit über fünftausend Quadratmetern Fläche zur Verfügung. Ziel der Forschungsarbeit an den Schönbrunner Panzernashörnern ist es, die Entwicklung verschiedener Parameter wie Druckverteilung, Kraft-Schwerpunkt, Auftreten oder Abrollbewegung beim Gehen über einen längeren Zeitraum zu dokumentieren und Veränderungen zu analysieren. Diese Parameter sollen mit Tieren aus anderen Zoos – und zwar solchen mit bekannten Fußproblemen und solchen ohne – verglichen werden. So sollen beginnende Fußprobleme frühzeitig erkannt und Präventivmaßnahmen rechtzeitig eingeleitet werden können.

Beulenkrokodil-Nachwuchs

Nützt die ganze Vorsorge nichts, schlägt die Stunde des Zoo-Tierarztes Thomas Voracek. Der residiert mit seinem Team angemessen gleich oberhalb des Tiergartens in der ehemaligen Kammermeierei Kaiserin Elisabeths, wo sie sich nicht nur die frische Milch ihrer Kühe trinkfertig abfüllen ließ, sondern auch in Eselsmilch gebadet haben soll.

Die Praxis ist hochmodern ausgestattet, und die Behandlungsmethoden für die Tiere unterscheiden sich heute kaum noch von der Humanmedizin, nur die Patienten dürften etwas weniger wehleidig sein. Röntgen und Ultraschall gehören genauso zu den Diagnosemethoden wie Endoskopie und Laborbefunde. Ein ebenso willkürlicher wie repräsentativer Blick in das Tagebuch der Schönbrunner Tierärzte: Zu den harmloseren Einsätzen zählt beispielsweise der Verbandwechsel bei einer kleinen Ziege, die sich am Bein verletzt hat und eine Schiene tragen muss. Auch das regelmäßige Spülen der eitrigen Fistel eines Elefanten ist Routine für die Schönbrunner Tierdoktoren – ebenso wie das Verarzten eines Humboldtpinguins, dessen Flügel stark unter der Hackordnung in der antarktischen Kolonie gelitten hat. Der nächste Patient ist heikel: Der Nilgauantilopenbock

Seychellen Riesenschildkröte

Horst hat tagelang nichts gegessen, berichtet der Pfleger, und dementsprechend bereits Gewicht verloren. Der Grund: ein rebellischer Backenzahn. Die Behandlung kann nur unter Narkose erfolgen, was immer ein gewisses Risiko darstellt, weil sich Wildtiere selten nach Lehrbuch verhalten beziehungsweise der künstliche Tiefschlaf immer eine Belastung für den Organismus bedeutet. Prompt erleidet der Antilopenbulle bei der Operation einen Atemstillstand. Sofort greift das Team ein und reanimiert das dreihundert Kilogramm schwere Tier. Drei Tage später kann Horst in seinem Gehege wieder herzhaft zubeißen, als ob nichts passiert wäre.

Bei ihrer Arbeit hinter den Kulissen sind die Profis aber nicht auf sich allein gestellt. Der Verein der Freunde des Tiergarten Schönbrunn unterstützt den Zoo auf vielfältige Weise, besonders aber finanziell bei der Verwirklichung vieler wichtiger Projekte. Vereinsziel ist »die Förderung und Entwicklung des Tiergarten Schönbrunn«. Als seine Aufgabe sieht es der Verein aber auch, »aufklärend und bildend in Bezug auf Tierpflege, Natur- und Artenschutz zu wirken«, was sowohl durch Zuwendungen aus Mitgliedsbeiträgen und Spenden als auch die Unterstützung des Tiergartens bei der tier- und besucherfreundlichen Ausgestaltung und in seiner Bildungsaufgabe geschieht. Mit Vorträgen, Reiseberichten sowie mit der Planung und Durchführung von Studienreisen sollen sowohl neue Erkenntnisse als auch ein umfassenderes Verständnis für Tier- und Umwelt vermittelt werden.

Nina Reinstadler und die Flughunde inklusive Kürbis.

Auch manche Helfer bei der Arbeit hinter den Kulissen stammen eigentlich aus den Reihen der Besucher. Gemeint sind die ehrenamtlichen Mitarbeiter des Tiergartens. Zwar können diese nicht im direkten Kontakt mit Tieren tätig werden, weil dafür ja eine Berufsausbildung nötig ist, aber es gibt jede Menge anderer

Aufgaben: etwa als Handwerker oder Gärtner, bei der Reinigung von Vitrinen und Gehegeschildern, der Anfertigung von Spielobjekten oder der Mithilfe bei der Herstellung spezieller Futtermittel, die aktives Handeln der Tiere erfordern (»Enrichment« genannt). Ebenso wichtig sind Tätigkeiten in der Administration, in der Lehrmittelsammlung, der Bibliothek und dem Archiv. Als freiwillige Helfer im Besucherservice gilt es, den Besuchern mit Auskünften und Informationen zur Seite zu stehen, den Streichelzoo mit seinen Zwergziegen und den Heimtierpark mit seinen Wellensittichen und anderen Kleintieren zu beaufsichtigen sowie an besonders besucherstarken Tagen und bei internen und externen Veranstaltungen aller Art auch bei der allgemeinen Aufsicht mitzuhelfen. Voraussetzung für diese Tätigkeit ist ein Mindestalter von achtzehn Jahren, die Teilnahme an einem Basiskurs – vor allem aber Begeisterung für die Tierwelt. Doch die dürfte bei allen gegeben sein, die einmal einen Blick hinter die Kulissen des Tiergartens geworfen haben.

Oben: Zwergziegen

Mitte: Handaufzucht eines Eichhörnchen-Findlings.

Unten: Nasenbär

Die Bildung

Lehrpfade durch die Lebensräume

Oben: Löwennachwuchs

Gegenüber: Weißhand-
gibbon

Die Kernaufgaben des Zoos: Arterhaltung, Ökologie und die Vermittlung von Wissen und Bewusstsein

Es ist ein langer Weg, den der Tiergarten Schönbrunn seit seinen Anfängen als Menagerie des Kaisers zurückgelegt hat. Im Ursprung – das wird man Kaiser Franz I. Stephan wohl unterstellen dürfen – stand die Bewunderung für die wundersamen Lebewesen in der Natur. Den allermeisten Besuchern (und übrigens auch Mitarbeitern des Zoos) wird diese Motivation auch heute nicht fremd sein. Doch zwischen der Gründung des Zoos im Jahr 1752 und dem Beginn des 3. Jahrtausends unserer Zeitrechnung liegt immerhin eine industrielle Revolution, die nicht nur das Leben der Menschen, sondern auch das Weltklima dermaßen nachhaltig verändert hat, dass Naturwissenschaftler wie der niederländische Meteorologe und Nobelpreisträger (1995 für Chemie) Paul J. Crutzen vorgeschlagen haben, diesem Erdabschnitt einen neuen, eigenen Namen zu geben: Anthropozän, also das Zeitalter des Menschen. Damit soll dokumentiert werden, dass in der erdgeschichtlich unglaublich kurzen Zeit seit 1800 die Einwirkungen menschlicher Aktivitäten auf die Umwelt eine mit natürlichen Einflüssen vergleichbare Dimension erreicht haben.

Beispiele für Art - erhaltungsprogramme: Sibirischer Tiger (oben) und Nyala-Antilopen (unten).

Wollen Tiergärten nicht in Gefahr geraten, durch kritische Stimmen an Ansehen zu verlieren oder auf den Status einer reinen Vergnügungseinrichtung reduziert zu werden, müssen sie sich diesen Herausforderungen stellen. Der Tiergarten Schönbrunn widmet sich dieser Aufgabe seit einigen Jahren mit großer Aufmerksamkeit – auch wenn viele Ergebnisse dieser Arbeit für seine Besucher und Freunde nicht immer unmittelbar zu erkennen sind. Dementsprechend lautet der zentrale Satz jener Vision, der sich der Tiergarten selbst verpflichtet hat: »Schutz und Erhalt der Tierarten in ihren natürlichen Lebensräumen«, gefolgt von dem Arbeitsauftrag »Wir begeistern unsere Gäste für die Welt der Tiere und fördern das Bewusstsein für Natur- und Artenschutz.«

Der Tiergarten Schönbrunn arbeitet in diesem Bereich intensiv mit anderen zoologischen Einrichtungen zusammen. Die wissenschaftlich geführten Zoos und Aquarien im Inland haben sich in der OZO zusammengeschlossen, der Österreichischen Zoo Organisation. International ist Schönbrunn maßgeblich in der europäischen Zoo-Vereinigung EAZA (European Association of Zoos and Aquaria) sowie in der WAZA (World Association of Zoos and Aquaria) tätig. Die EAZA repräsentiert Zoos und Aquarien in 34 europäischen Ländern mit über 20 000 Mitarbeitern und mehr als 125 Millionen zahlenden Besuchern pro Jahr. Ihre Forderungen und Ziele sind in einer eigenen Forschungsstrategie definiert, die auch in Schönbrunn zur Anwendung kommt. In deren Mittelpunkt steht die Erkenntnis, dass die Arterhaltungsprogramme von heute auf den Ergebnissen wissenschaftlicher Forschung und tierpflegerischem Können basieren.

Schönbrunns Elefanten sind Teil des Europäischen Erhaltungszuchtprogramms.

Die bekanntesten und gleichzeitig populärsten Tierarten in Schönbrunn sind die Afrikanischen Elefanten und die Großen Pandas. Mit Jahresbeginn 2009 übernahm der Tiergarten Schönbrunn die Leitung des Europäischen Erhaltungszuchtprogramms für Afrikanische Elefanten. Damit wird zum ersten Mal ein modernes internationales Zuchtbuch für eine gefährdete Tierart von Wien aus

verwaltet, und Schönbrunn profiliert sich als zentraler Knotenpunkt im internationalen Netzwerk für Elefantenpflege. Die Federführung liegt bei Vizedirektor Harald Schwammer als wissenschaftlichem Koordinator des Zuchtprogramms. Schon 2007 war Schwammer zum Koordinator eines »Global Elephant Management Program« bestellt worden. Dessen Ziele: Förderung von Naturschutz, Bildung und Forschung, um das Überleben der Elefanten in der Wildnis und in menschlicher Pflege zu gewährleisten. Schwammer ist zudem Präsident der International Elephant Foundation (IEF), einer 1998 gegründeten Vereinigung mit Sitz in Texas, und zugleich auch deren einziger Europäer im Vorstandskuratorium. Diese Organisation hat sich die Erhaltung Afrikanischer und Asiatischer Elefanten und die Förderung damit verbundener Projekte zum Ziel gesetzt, und zwar sowohl in Zoos als auch im Freiland. Derzeit werden von der IEF Schutzprojekte in Kenia, Uganda, Kambodscha, Sri Lanka, Indien und Indonesien unterstützt. Darüber hinaus ist der Tiergarten Schönbrunn Sitz des »Vereins der Elefantenpfleger und Manager Europas« mit 130 Mitgliedern aus Europa, Australien und den USA.

Krauskopfpelikan

Bartgeier

Vergleichbare Kompetenz konnte der Tiergarten auch bei den Großen Pandas entwickeln. Zwei Geburten nach natürlicher Zeugung 2007 und 2010 belegen das Fachwissen und die Qualität der Betreuung. Doch die Tierpflege endet speziell bei gefährdeten Tierarten weder an den Zoo- noch an den Landesgrenzen. Im Zuge der Panda-Kooperation verpflichtete sich der Tiergarten

Schönbrunn neben einer finanziellen Unterstützung des Pandaschutzes in China sowie Beiträgen zur Erforschung dieser bedrohten Tierart auch zu einer jährlich stattfindenden zweiwöchigen Lehrveranstaltung für chinesische Fachkräfte zum Themenkomplex Wildtiermanagement. Auf dem Lehrplan stehen Aufgaben eines modernen Zoos, Panda-Aktivitäten des Tiergarten Schönbrunn, Besuch und Präsentation der österreichischen Nationalparks mit Schwerpunkt Besucherzentren und Besuchersteuerung sowie das Wiederansiedeln von Arten am Beispiel des Bartgeiers im Nationalpark Hohe Tauern. Einige von ihnen sind nämlich geborene Hietzinger. Ein Schönbrunner Bartgeier-Pärchen zieht regelmäßig Küken auf, die dann in den Alpen in die Freiheit entlassen werden, um sich von der Thermik über die Berggipfel tragen zu lassen. »Hietzing« steht übrigens auch in der Geburtsurkunde einiger durch die Weite der mongolischen Steppen ziehenden Przewalski-Pferde. Sie kamen in Schönbrunn zur Welt und wurden auf einer großzügigen Koppel am Neusiedlersee auf ihre Auswilderung in Zentralasien vorbereitet.

Fu Long, der erste im Tiergarten Schönbrunn geborene Große Panda.

Von dem im Tiergarten durch derartige Zucht- und Auswilderungsprogramme erworbenen Wissen profitieren nicht nur die jeweiligen Tierarten und die betroffenen Mitarbeiter, sondern auch Nachwuchswissenschaftler. Zum einen kommen Schulgruppen jeder Altersstufe in den Tiergarten, um die Tiere kennenzulernen und erste verhaltensbiologische Übungen durchzuführen, zum anderen zieht es viele Professoren diverser Universitäten nach Schönbrunn. Um ihre Vorlesungen und Seminare zu beleben, verlegen sie zumindest einen Teil ihrer Unterrichtsstunden in den Tiergarten. Umgekehrt sind

Ein Paradebeispiel für das Zusammenwirken von Tiergarten und in Österreich tätigen Jungforschern ist der Waldrapp. Der eher ungekämmt wirkende Vogel mit schwarzem Federkleid, langem rotem Schnabel und wilder Halskrause war bis ins 17. Jahrhundert auch in unseren Breiten heimisch. Heute gibt es nur noch zwei Kolonien mit wenigen Tieren in freier Wildbahn: eine in Marokko, die andere in Syrien. Alle anderen Waldrappe werden in Zoos wie in Schönbrunn gehalten. Seit einigen Jahren bemühen sich Mitarbeiter der Konrad Lorenz-Forschungsstelle in Grünau (Oberösterreich) um Methoden zur Auswilderung der Vögel. Mit Ultra-Leichtflugzeugen fliegen die wagemutigen Wissenschaftler den Jungtieren voran, um ihnen die Flugroute in den Süden beizubringen. Ein Teil der für die Auswilderung vorgesehenen Jungvögel stammt aus der Zucht des Tiergarten Schönbrunn. Schönbrunn leitet auch die »AgWaldrapp«, die in Marokko die Zuchtstation Bechar-el-Kehir betreibt. Zudem werden Mitarbeiter des Al Talila-Reservats in Syrien nach Österreich eingeladen, um praktische und theoretische Erfahrung in der Waldrapp-Pflege zu sammeln.

Mitarbeiter des Tiergartens als Tutoren, Instruktoren und Lehrbeauftragte in Universitätsveranstaltungen integriert. Sie geben Wissen aus ihrer Berufspraxis weiter und ermöglichen den Studierenden so einen direkten Einblick in die Zoowelt – nicht zuletzt vielleicht im Hinblick auf ihre eigene zukünftige Karriere. Eine befruchtende Wechselwirkung, die Direktorin Dagmar Schratter besonders am Herzen liegt: »Viele, die bei uns ein Praktikum gemacht haben, entscheiden sich für eine Diplomarbeit oder sogar eine Dissertation im Tiergarten. Die Jungforscher lernen dabei, wissenschaftlich zu arbeiten, unsere Tiere profitieren von ihren Ergebnissen.« Und, nicht unwesentlich: »Viele meiner Mitarbeiter haben so ihre berufliche Laufbahn gestartet. Ich übrigens auch …«

Deutlich wird, dass die Natur- und Artenschutz-Aktivitäten des Tiergarten Schönbrunn global relevant sind. Das zeigt auch eine kleine Übersicht über die entsprechenden Fördermaßnahmen des Vereins der Freunde des Tiergarten Schönbrunn: Er unterstützt etwa die Forschungs- und Zuchtstation für die Batagur Flussschildkröte, von der derzeit weltweit nur noch zwanzig Exemplare bekannt sind (im Tiergarten Schönbrunn leben sechs davon), in Bangladesh. Zudem beteiligt sich der Verein an einem Eisbären-Schutzprojekt der Organisation Polar Bear International und engagiert sich damit für die Rettung der Tiere in ihren Lebensräumen in Kanada und Alaska, in der Hudson Bay und in der

Beaufortsee. Ziel des Projektes ist es, zu erforschen, wie sich die saisonalen Wanderrouten der Eisbären aufgrund des drastischen Rückganges des arktischen Eises und der damit verbundenen Reduzierung der Jagdmöglichkeiten verändern. Und im Mittelmeer unterstützt der Verein Studenten der Universität Wien, die in der Türkei – am Strand von Calis in der Bucht von Fethiye – das Nistverhalten der bedrohten Meeresschildkrötenart *Caretta caretta* untersuchen. Die erhobenen Daten zu Landgang, Eiablage und von Menschen verursachten Irritationen sollen Rückschlüsse auf die Entwicklung der Population und den Einfluss von Störfaktoren auf dem vom Tourismus stark frequentierten Strand ermöglichen.

Heimische Verwandte der Unechten Karettschildkröte profitieren von der Kooperation des Tiergartens mit dem Nationalpark Donau-Auen. Durch symbolische Gelege-Patenschaften für Europäische Sumpfschildkröten im Nationalpark wurden von 2007 bis 2010 insgesamt 250 Gelege der einzigen heimischen Schildkrötenart mit Schutzgittern gegen hungrige Füchse und andere Räuber versehen. Aus beinahe 1100 Eiern schlüpften Jungtiere. Der Tiergarten Schönbrunn übernimmt immer wieder Eier aus beschädigten Gelegen, die im Brutapparat ausgebrütet werden. Die jungen Sumpfschildkröten überwintern anschließend im Tiergarten – gemeinsam mit den Tieren aus eigener Zucht – und werden, sobald es die Temperaturen im Frühjahr erlauben, im Nationalpark Donau-Auen wieder in ihren natürlichen Lebensraum entlassen.

Im Zoo fühlen sich die Tiere aber nicht nur in den Gehegen wohl, auch im freien Gelände schätzen Tiere die Vorzüge der vielfältigen Kulturlandschaft. Schönbrunn ist eine Insel für Wildvögel, wie der Zoologe Leo Sachslehner bei einer Zählung im Gelände herausfand. 77 wild lebende Vogelarten tummeln sich teils zwischen und teils in den Gehegen, 22 davon brüten sogar. So findet der äußerst seltene Mittelspecht im Tiergarten adäquate Lebensbedingungen vor und auch Aaskrähen, Blau- und Kohlmeisen, Stare, Kleiber, Grün- und Buntspechte sowie Gartenbaumläufer sind anzutreffen. Damit liefert das Areal einen beachtlichen Beitrag zur Artenvielfalt in Wien. Hauptanziehungspunkt der Wildvögel ist der Pelikanteich, an dem 220 Stockenten, 150 Lachmöwen und 20 Graureiher beobachtet werden konnten und auch immer wieder verschiedene andere Wasservögel auf- und untertauchen.

Europäische Sumpfschildkröten

Es kann durchaus passieren, dass Tierpfleger von aufgeregten Besuchern darauf hingewiesen werden, dass eine Schlange ausgebrochen sei. Die daraufhin zu

Nicht nur Kinder lernen von der Natur. Im September 2008 war der Tiergarten Schönbrunn Veranstaltungsort der internationalen Konferenz »Bionik – An der Schnittstelle zwischen Biologie und Technik«. Es lässt sich kein besserer Veranstaltungsort denken: Hier wimmelt es nur so von viel zitierten tierischen Vorbildern für technische Lösungen. Die Eisbärenzwillinge Arktos und Nanuq – sie waren bis zu ihrem Umzug nach Hannover im Mai 2010 in Schönbrunn zu sehen – stehlen mit unerreichter Bodenhaftung auf Schnee und Eis jedem Reifen die Schau. Süßwasserrochen gleiten vorbildhaft für zukünftige U-Boote durch das Wasser. Pinguine lassen Schiffsbauer ob ihres niedrigen Wasserwiderstands vor Neid erblassen. Geckos sind wegen ihrer sagenhaften Wand- und Deckenhaftung sogar auf spiegelglattem Untergrund Vorbilder für Roboter-Konstrukteure. Die Liste ließe sich fast endlos bis zu den Kletten und Kakteen im Wüstenhaus fortsetzen, denn so gut wie alle Bewohner des Tiergartens bergen Ansätze für innovative Produktlösungen und Verfahrenstechniken in sich.

beobachtende Gelassenheit der Experten ist absolut angebracht, denn was sich da durch die Gegend schlängelt sind keine exotischen oder gar giftigen Zootiere, sondern frei lebende Ringel- oder Äskulapnattern. Es gibt verschiedene Gründe, warum sich Wildtiere ausgerechnet im Zoo heimisch fühlen. Erstens: Gar nicht so wenige Arten haben in den letzen Jahren erkannt, dass die Stadt vielfältige Lebensräume mit gutem Nahrungsangebot praktisch ohne Gefahr durch die Bejagung bietet. Zweitens bildet die Gartenanlage von Schönbrunn mit ihren 138 Hektar – wovon der Zoo 17 Hektar einnimmt – eine belebende Grünoase in der Großstadt. Drittens: Die Wildtiere profitieren im Zoo von der hohen Nahrungsdichte und vielen an die Bedürfnisse der Tiere angepassten Strukturen wie Wasserbecken, Teiche, Schilfbestände, Hecken, Felsen, Bäume oder Asthaufen, die zwar meist für die Zoo-Bewohner angelegt wurden, aber auch von den zugereisten Gästen gerne mitbenutzt werden dürfen. Einige Quartiere werden inzwischen sogar eigens für diese konzipiert: Im Gehege der Landschildkröten wurde ein lockerer Steinhaufen errichtet, der heimische Reptilien anlocken soll. Und im Quartier der Brillenbären laden eigens angefertigte Brutröhren die dort schon mehrfach beobachteten bunten Eisvögel zum Nisten ein.

Letztlich um diese regionalen Biotope besser kennenzulernen und als Brückenfunktion zum Lebensraum heimischer Tierarten wurden die ersten beiden Naturlehrpfade des Tiergarten Schönbrunn angelegt. Der erste Teil – »Am Wasser« – wurde im September 2008 eröffnet und besteht aus Aquarien so groß wie Swimmingpools, die mit heimischen Fischen besetzt wurden. Das oberste Becken repräsentiert die Gewässer der alpinen Bergwelt, in denen Bachforellen, Seesaiblinge, Äschen und Aalruten leben. Im daran anschließenden Fluss-Becken sind unter anderem Huchen, Nasen (die wirklich so heißen) und Störe zu sehen. Das dritte Teichaquarium ist dem Altarm eines Flusses nachgebildet. Hier tummeln sich Welse, Zander und Hechte. Auch die Bepflanzung und die Gestaltung rund um die Teichaquarien entsprechen den verschiedenen Höhenlagen – von der Alpenflora bis in die Schilfzone des Tieflandes. Dazwischen befinden sich Flachwasserzonen, die von den Fischen nicht erreicht werden können. Sie haben die Aufgabe, den wildlebenden Fröschen und Molchen des Schönbrunner Parks Unterschlupf und Laichgelegenheiten zu bieten.

Der zweite Teil ist ein aufwändig gestalteter Baumkronenpfad, der seit Herbst 2009 begehbar ist. Eine 160 Meter lange Hängebrücke führt in bis zu zehn Metern Höhe durch die Baumkronen dieser verhältnismäßig naturbelassenen Ecke des Schlossparks. Der Steig beginnt beim Tirolerhof und bietet von einer Plattform aus einen verblüffenden, weil weithin unbekannten Blick über den Nordwesten Wiens. In seinem gesamten Verlauf überrascht der Pfad mit ungewöhnlichen Perspektiven und Hinweisen auf die heimische Tier- und Pflanzenwelt. Die Wurzeln eines verkehrt herum eingegrabenen Baums weisen auf die fabelhaften Fähigkeiten der Bäume hin. Im Gebüsch »lauern« schattenhafte Umrisse von bedrohten heimischen Raubtieren wie Wolf, Luchs und Bär. Auch ungewöhnliche Lebensräume wie eine mit Regenwasser gefüllte Traktorspur sind entlang des Weges zu bestaunen. In solchen Kleinstgewässern setzt zum Beispiel der Feuersalamander gerne seine Larven ab. Bombentrichter werden bei lehmigem und verdichtetem Untergrund zu Tümpeln und als solche von Wasserkäfern wie dem Gelbrandkäfer als Wohngewässer genutzt. In Zusammenarbeit mit den Österreichischen Bundesforsten wurde ein

Oben: Direktorin Dagmar Schratter beim Hügel der Kleinen Roten Wald - ameisen.

Unten: Strategien zur Bewältigung von Ängsten vor Spinnen werden in speziellen Kursen vermittelt.

Ameisenstaat mit Kleinen Roten Waldameisen angesiedelt. Und für Kinder gibt es zwei besondere Attraktionen: eine Feuersalamander-Kletterwand und ein großes Spinnennetz zum Durchkrabbeln.

Bei seiner selbst auferlegten Intention, das Bewusstsein für Natur- und Artenschutz zu fördern, beweist der Tiergarten auch Mut zu ungewöhnlichen Vermittlungsstrategien, wie im Sommer 2009 zu beobachten war. »Da stimmt doch was nicht«, war die erste, oft erzürnte Reaktion. Da stand doch glatt der riesige Pumpenbock einer Ölquelle aus dem Marchfeld im Pinguingehege. Ein Stück weiter glänzte bei den Elefanten das vermeintlich von Schnee bedeckte Dach einer kleinen Hütte im Sommerlicht. Diese und andere Irritationen sorgten 2009 zunächst einmal für Ärger bei den Besuchern, und genau das war beabsichtigt: »Trouble in Paradise« nannten Christoph Steinbrener und Rainer Dempf ihr Projekt. Sechs Fremdkörper transferierten die beiden Wiener Konzeptkünstler in die animalischen Umwelten. Quer durchs Bisongehege führte da auf einmal ein Schienenstrang und erinnerte an die Massenabschlachtungen des American Buffalo in der nordamerikanischen Prärie im 19. Jahrhundert, die beinahe zu seiner vollständigen Auslöschung geführt hätten. Im Becken des Nashorn-Geheges machte sich eine halb versunkene rote Limousine breit. Im Aquarium glitten die tropischen Fische rund um ein Giftmüllfass mit warnendem Totenkopf-Logo. Und im Krokodil-Terrarium schränkte eine Fuhre vermeintlichen Sperrmülls die Bewegungsfreiheit der Reptilien ein.

Die Übung gelang – begleitet von einem enormen internationalen Medienecho: Die Irritationen lösten bei vielen Besuchern Gedankengänge über die Zerbrechlichkeit der Natur aus – und der umfassenden Bedrohung, der sie permanent ausgesetzt ist. Der älteste Tiergarten der Welt erwies sich mit diesem Projekt wieder einmal als Pionier, hier auf dem Gebiet der medialen Vermittlung ökologischer Zusammenhänge. Wohl die beste Methode, um auf ewig jung zu bleiben.

»Trouble in Paradise«: Intervention der Wiener Konzeptkünstler Christoph Steinbrener und Rainer Dempf im Gehege der Panzernashörner.

Anhang

Bibliografie, Bildnachweis, Dank, Impressum

Oben: Rotspiegel-amazonen

Gegenüber: Orang-Utan-Männchen Vladimir

Bibliografie – Auswahl

Maria Auböck, Gisa Ruland: *Paradies(t)räume.* Wien 1998

Mitchel G. Ash, Lothar Dittrich (Hg.): *Menagerie des Kaisers – Zoo der Wiener.* Wien 2002

Lukas Beck, Renate Pliem: *Leben im Zoo.* Wien 2011

Eva Berger: *Historische Gärten Österreichs.* Band 3. Wien, Wien–Köln–Weimar, 2004

Karl Brunner, Petra Schneider (Hg.): *Umwelt Stadt.* Wien–Köln–Weimar, 2005

Bundesdenkmalamt: *Dehio Wien.* Band X. bis XIX. und XXI. bis XXIII. Bezirk. Wien 1996

Felix Czeike: *Historisches Lexikon Wien.* Wien 1992

Theresa Dirtl, Oliver Lehmann: *Große Tiere in Schönbrunn.* Wien–St. Pölten 2002

Rainer Dempf, Bernhard Kellner, Christoph Steinbrener: *Trouble in Paradise.* Wien 2009

Bernhard Grzimek: *Grzimeks Tierleben.* Zürich 1968

Beatrix Hajós: *Die Schönbrunner Schloßgärten.* Wien–Köln–Weimar 1995

Gerhard Kunze: *Tiergarten Schönbrunn. Zoo der glücklichen Tiere. Österreichs magischer Kraftort.* Wien 2006

Lois Lammerhuber, Oliver Lehmann: *Wiener Wälder.* Wien 2005

Lois Lammerhuber, Oliver Lehmann: *Wiener Parks, Wiener Gärten.* Wien 2010

Oliver Lehmann: *Wien.* Hannover 1991

Gordon McGregor Reid et al. (Hg.): *Das Forschungspotential in Zoos und Aquarien. Die Forschungsstrategie der EAZA.* Erlangen 2009

Gabriele und Helmut Pechlaner: *Das Wunderwerk Zoo.* Wien 2001

Österreichische UNESCO-Kommission: *Welterbe für junge Menschen – Österreich.* Wien 2007

Schönbrunner Tiergarten-Gesellschaft m.b.H. (Hg.): *… durch den Tiergarten Schönbrunn.* Wien 2006

Schönbrunner Tiergarten-Gesellschaft m.b.H. (Hg.): *Jahresbericht 2009.* Wien 2009

Gabor Wichmann et al. (Hg.): *Die Vogelwelt Wiens.* Wien 2009

Roger Willemsen: *Alfred Edmund Brehm: Brehms Tierleben.* Frankfurt/Main 2006

Bildnachweis

Archiv Tiergarten Schönbrunn: 22, 23, 25 o, 28, 30 (2), 31, 33, 35, 37, 38 (2), 39, 40 (2), 41 (2), 42, 43 (2)

Lukas Beck: 6

Josef Döbrössy: 56 m, 83 o

Josef Gelernter: 77 u

Andrea Haberfehlner: 21 o

Roland Hallbauer: 93 o

Imagno/Schloß Schönbrunn Kultur- u. Betriebsges. m. b. H.: 24, 25 m, 26 o

Imagno/Alexander Koller/Schloß Schönbrunn Kultur- u. Betriebsges. m. b. H.: 25 u, 26 u, 27, 29

Imagno/Österreichisches Volkshochschularchiv: 36

Jutta Kirchner: 11, 13 (Zebras), 14, 45, 47 u, 49, 51 o, 53 u, 57, 58 o, 59, 60, 66, 67 u, 69, 70, 71, 73 o, 78 (Nandu), 81 u, 82 u, 85, 86, 91, 93 u, 96, 97, 98 o, 99, 105 u

Rainer Leiss: 55 u, 73 m

Johanna Palocsay: 73 u

Norbert Potensky: 3, 8/9, 12, 13 (Kronenkranich), 17 (2 u), 18 o, 19 u, 21 m+u, 34, 44, 48, 50, 51 u, 52, 54 m, 56 o+u, 58 u, 61 u, 62, 67 o, 68, 72 u, 74 (2), 75, 78 (Seriema, Vikunja, Südamerika-Park), 79 (2), 80 o+u, 81 o, 82 o, 83 u, 88, 92, 94, 95 (3), 98 u, 100 u, 101, 102, 103, 105 m, 106 (2), 108

© Steinbrener|Dempf: 107

Daniel Zupanc: 10, 13 (Flusspferd, Löwe), 15 (2), 16 (2), 17 (2 o), 18 u, 19 (2 o), 20, 46, 47 o, 53 o, 54 o+u, 55 o, 61 o, 63, 64 (3), 65, 72 o, 76, 77 o, 78 (Flachlandtapire), 80 m, 84, 87, 89, 90, 100 o, 105 o, 109

Abkürzungen

o = oben

u = unten

M = Mitte

Die Ziffern beziehen sich auf die Seitenzahl, jene in Klammern auf die Anzahl der Fotografien.

Dank

Dieses Buch basiert auf Texten, die für das *Universum Magazin* von mir verfasst, recherchiert, in Auftrag gegeben oder redigiert wurden. Mein Dank gilt dementsprechend meinen MitarbeiterInnen und AutorInnen, im speziellen Peter A. Krobath, Eva-Maria Gruber, Martin Mészáros, Jürgen Hatzenbichler und Theresa Dirtl. Weiters danke ich dem Team des Tiergarten Schönbrunn, allen voran Johanna Bukovsky und Gerhard Heindl, für ihre Unterstützung und Geduld.

Oliver Lehmann, Januar 2012

Bibliografische Information der Deutschen Nationalbibliothek
Die Deutsche Nationalbibliothek verzeichnet
diese Publikation in der Deutschen Nationalbibliografie;
detaillierte bibliografische Daten sind im Internet über http://dnb.d-nb.de abrufbar.

1. Auflage

Gestaltung des Schutzumschlags: Christian Brandstätter/Clemens Hutter
Redaktion/Lektorat und grafische Gestaltung: Barbara Sternthal
Reproduktion der Abbildungen: Pixelstorm, Wien
Gedruckt in der EU

ISBN 978-3-85033-505-8

Christian Brandstätter Verlag GmbH & Co KG
A-1080 Wien, Wickenburggasse 26
Telefon (+43-1) 512 15 43-0
Fax (+43-1) 512 15 43-231
E-Mail: info@cbv.at
www.cbv.at